すこやかな子どもの心と体を育む

改訂 運動遊び

井上勝子・高原和子　編著

青木理子・大村一光
谷川裕子・花田道子
桧垣淳子・宮嶋郁恵
矢渡理奈　　　共著

建帛社
KENPAKUSHA

は じ め に

　昨今，子どもの体力，運動能力が低下し，走る，跳ぶ，投げるなどの基本動作ができない子どもが増えている。立ち幅跳びで両足をそろえて踏み切り，両足で着地することができない子ども，前転ができない子ども，身体をうまく使ってボールを投げられない子ども，など不器用な子どもが増えているという。このことは，身体全体を使った運動遊びの経験が少なく，幼児期に獲得したい基本の動作が84種あるといわれているが，これらがしっかりと身に付いていないということを示している。

　最近の子どもたちの生活環境をみてみると，室内でのテレビ，ビデオ，ゲーム，パソコンなどメディアや機器で遊ぶ時間が増大し，身体を使って遊ぶ外遊びが減少している。また，幼稚園などの保育施設から帰った子どもたちはおけいこごとや塾通いに追われ遊ぶ時間がない，遊ぶ時間があったとしても近所に安心して遊ぶ場所がなく，一緒に遊ぶ友だちもいないなど，昔と比べると生活環境は大きく様変わりしている。

　このことは，子どもたちに遊ぶ意欲がなくなったわけではなく，遊びを成立させる三要素である，時間，空間，仲間に恵まれない今日の環境が，子どもたちを外遊びから遠ざけているともいえる。このような環境の中で育つ子どもたちにとって，幼稚園や保育所，幼保連携型認定こども園などの保育時間に園庭で思い切り遊び，園外保育で自然がいっぱいのところに行き活動することは，子どもの発育・発達において重要な役割をもっているといえよう。

　運動遊びは，単に身体の発育・発達や運動能力，運動技能を養うために必要なだけでなく，同時に知的，情緒的，社会的面など精神的な発達にとっても重要であり，幼児期の運動遊びは人間の一生を通じて生きる力を身に付けるといっても過言ではない。保育者や保護者，周りの大人たちはこのことをよく理解して，子どもたちが心身ともにたくましく発育・発達するための援助をしなければならない。

　本書は，保育者養成課程のある大学で学生たちに幼児体育を指導している著者らが，乳幼児のすこやかな育ちを願って共同執筆したものである。主に，幼児は環境を通して育つことから，人，自然，物とかかわる観点で運動遊びの方法と援助について，年齢別にわかりやすく，イラストを添えて解説している。

　初版は，2006年に刊行した。その後，多くの養成校で好評を得ることができ，版を重ねてきた。今般，一部に新たな執筆者を迎え，最新の動向，知見に沿い改訂版とすることとなった。

　幼児教育・保育を目指す学生はもとより，現職の保育者，現在子育て中の父母の皆様にも積極的に活用して欲しいと願っている。初版にも増して，ご愛顧いただければ幸いである。

　2020年1月

編者　井 上 勝 子

目　　次

第1章　乳幼児の発育・発達

人は誕生したのち，加齢とともに成長し，成熟する。しかし，その成長・速度は一様でなく，個人によっても異なる。また，同じ人の身体の中でも発育の速い部分とそうでない部分とがある。そして，人の発達はもって生まれた遺伝的要素だけでなく，その後の環境によって様々な影響を受けるのである。

このような意味から，人的環境として大きくかかわることになる保育者は，乳幼児の心身の発育・発達に即したかかわり方をすることが重要である。

そのためにも，身体の発育・発達がどのような経過をたどるのかを知り，年齢からだけでなく，個人個人の心身の発育状態をみながら，個性に合った援助ができるよう，知識を習得しておきたい。

1. 乳幼児の身体の発育と発達

（1）形態の発育

胎児期は，一生のうちで最も発育の速度が速い時期であり，形態（身長・体重・胸囲・頭囲）の変化が著しい。

身長や体重は体全体の大きさを知ることができ，胸囲は体幹の発育，頭囲は中枢神経系の発育を知る手がかりとなる。しかし，発育には個人差があり，総合的な発育状況をみることが大切である。乳幼児の発育の状況をみるときは，カウプ指数がよく用いられる。カウプ指数は次の式で示される。

カウプ指数	めやす
$\dfrac{\text{体重 (g)}}{\text{身長 (cm)}^2} \times 10$	14以下　やせすぎ
	14〜16　やせ
	16〜18　標準
	18〜20　太っている
	20以上　太りすぎ

この式は乳幼児期にはほぼ一定であるので，栄養状態などを知るのに便利な体格指数とされている。

1）身　　長

新生児の身長は約50cmであり，男児の方がやや大きい傾向である。生後1〜2年間は一生のうちで最も身長の伸びる時期であり，1年目は25cm近くも大きくなり，出生時の約1.5倍の75cmほどになる。2年目は約10cm，その後は1年に6cmほど伸び，5年で約2倍の1mになる。このように1年目は急激な発育がみられるが，その後は徐々に増加量は減少し，3歳頃にはほぼ一定となる（図1-1，1-2）。

幼児期における身長は，成人したときの身長と密接な関係があり，5歳児の身長と成人したときの身長は，0.7〜0.8という高い相関がみられる。また，身長に関しては，遺伝的な要素が比較的強く働くといわれているが，栄養や育つ環境により影響されることもある。

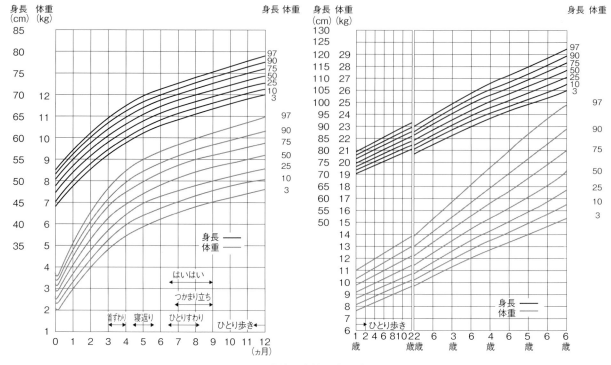

図1-1　乳幼児身体発育曲線（男）

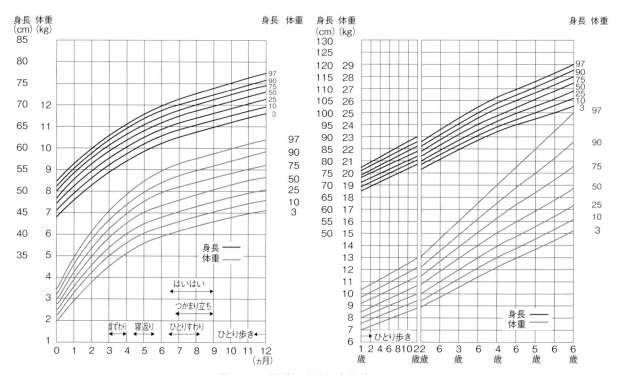

図1-2　乳幼児身体発育曲線（女）

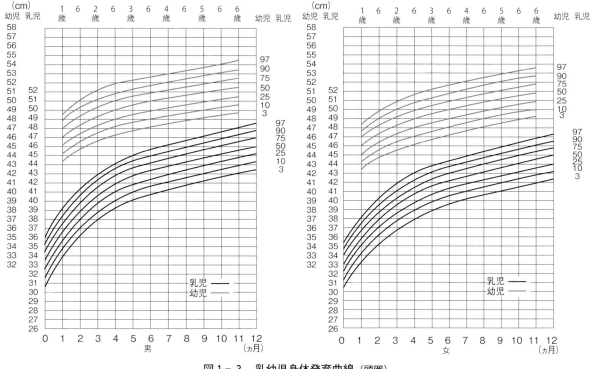

図1-3　乳幼児身体発育曲線（頭囲）

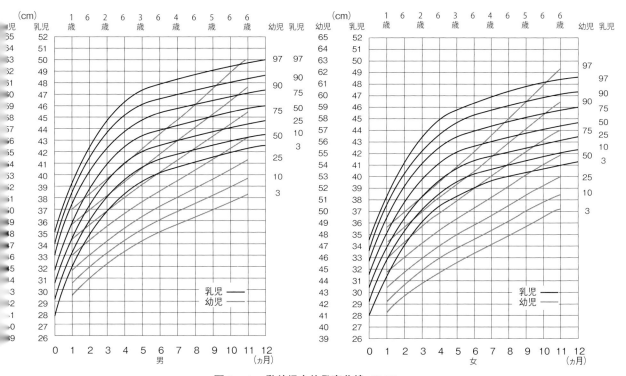

図1-4　乳幼児身体発育曲線（胸囲）

（図1-1～4；厚生労働省「平成22年乳幼児身体発育調査」より）

2）体　　　重

生まれたときは約3kgであるが，4か月
で約2倍の6kg，1年で約3倍の9kgに
なり，乳児期の体重の増加は著しい。1日
の増加量は，生後7日までの一時減少（生
理的体重減少）を除いて，生後1か月まで
約30gであり，急激な増加がみられる。そ
の後は身長と同様に増加量は減少するが，
その時どきの健康状態や栄養状態を反映
し，多少増減しながら増加していく（図1
-1，1-2）。

3）頭　　　囲

胸囲よりわずかに大きく，約31〜32cmで誕
生し1歳児で約15cm増加し，およそ45〜46cm
に発育する。その後1〜2歳までは約2cm増
加し徐々に増加量は減少していく。頭囲は頭蓋
の発育を表す重要な指標であり，1歳では男児
の頭囲は女児と比較すると約1.3cm大きい（図
1-3）。

4）胸　　　囲

出生時は約31〜33cmであるが，6か月まで
顕著な伸びがあり，1年間では約15cmの増加
がみられ，出生時の約1.5倍に増加する。出生
時は胸囲より頭囲が大きいが生後6か月頃に同
じくらいの大きさになり，その後胸囲の方が大
きくなる（図1-4）。

胸囲は，心臓や肺など内臓諸臓器の発育を反
映すると考えられ，呼吸循環器機能の発育状態
の指標として利用される。女児と比較して男児
の方が大きい（p.192〜193，付表1・2参照）。

（2）乳幼児期の体型

乳幼児の体型は，足が短く胴体が長い特徴が
あり，生まれたときは4頭身であるが，徐々に
足が長くなり，成人に達すると8頭身になる。
図1-5はシュトラッツが示した胎児期からの
身体の割合の変化を表したものである。

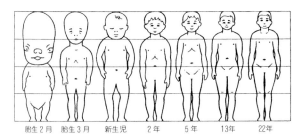

**図1-5　胎児期および出生後における身体の形と割合
の変化**（Stratz, C.H., 1922：石河利寛（編）『子どもの発
達と体育指導』大修館書店，1978）

頭部の大きさは出生時，すでに身体の他の部
分に比べよく発育しているのがわかる。そのた
め，短い足に重い頭という体型で，転倒しやす
く，また高い所からも落ちやすいので，注意す
る必要がある。

（3）スキャモンの発育曲線

スキャモンは，身体諸器官の発育発達を臓器
の重さから大きく4つに分けて，発育曲線を示
している（図1-6）。20歳のときの重さを100と
した割合で表している。身体の発達はすべてが
同じ速度で進むのではなく，時期によって発育
の速さが異なる。

1）リンパ型

脾臓，扁桃腺などのリンパ腺，内分泌腺，ホ
ルモンなどに関する器官がリンパ型である。リ
ンパの組織は，感染症に対する免疫力をもち，
乳児期から幼児期にかけて急速に発育し，11〜
13歳頃に成人期の2倍近くになり，その後縮小
するのが特徴である。これは，胸腺や扁桃の縮
小と関係しているといわれる。

2）神　経　型

頭の大きさの発育曲線が典型であり，大脳や
神経系統，視聴覚等の感覚器の発達が含まれ，
他の型に比較し非常に早い時期に完成される。
例えば，頭囲では生後数年で80〜90％に達
し，10歳で96％，14歳頃には成人と同じ大きさ
まで発育する。

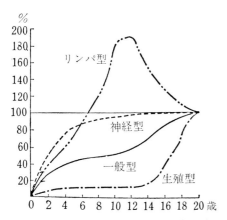

図1-6　スキャモンの臓器別発育曲線
(Scammon, R.E., 1930：中川一郎『成長と栄養』丸善, 1940)

3）生　殖　型

　睾丸や卵巣など性腺をはじめとする生殖器の発育にみられるもので，第一次性徴としての形態は出生時すでに整っており，乳児期にわずかに発育するが，思春期になって急速に発育する。第二次性徴といわれる時期であり，男女の性差が機能的にもはっきりする。

4）一　般　型

　身長，体重など身体の発育を表している。また，骨格や筋肉，呼吸器系や心臓血管系など内臓諸器官等の全体的組織が含まれる。4歳頃まで急激に発育するが，その後10歳頃まで緩慢であり，11歳以後再び急速に発育がみられる。

（4）機能の発達

1）生 理 機 能

　乳幼児期の生理機能の発達も著しく，表1-1に体温，呼吸数，心拍数，および大脳重量の変化を示した。乳幼児期の体温は高く，成長するにつれて徐々に低くなる。呼吸数，心拍数も同様に低下する。これらは，臓器の発達によって許容量が増し，一度に多くの働きが可能になることによるものと考えられる。大脳の重量が新生児から幼児期にかけて，約3倍の重さに増加することは，早期の神経系の発育に大きく関与していることが理解できる。

2）神 経 機 能

　スキャモンの発育曲線によると，神経系の発育は，幼児期すでに成人に近い形で発達している。運動する場面では，末梢受容器からの情報を受け大脳皮質に達し，錐体路系を通じて調整され効果器（筋）を動かす。この受容器と効果器を機能的に連絡するのが神経系である。子どもがボールをキックする場合，相手のフォームやキックしたときの音などからボールの飛ぶ方向やスピードを感覚器を通して感じとり，脊髄を通じて大脳まで知覚神経を通って感覚器からの情報が送り込まれる。その情報をもとに大脳から足の使い方や身体の移動の命令が脊髄から運動神経を通って筋肉を動かし，相手に向かってボールをけり返すという動作が成り立つのである。

表1-1　年齢による体温・呼吸数・心拍数・大脳重量の変化

	新生児	乳　児	幼　児	学　童	成　人
体　温	37.5〜37.6	37.0〜37.3	36.5〜37.0	36.5〜37.0	36.3〜37.0
呼 吸 数	40〜45	30〜40	20〜30	18〜20	16〜18
心 拍 数	110〜140	110〜130	90〜120	80〜90	65〜75
大脳重量(g)	335〜926	〜1064	〜1200	〜1300	〜1400

（大西誠一郎他『幼児体育』建帛社, 1978より作成）

（5）骨格・筋肉の発達

1）骨格の発達

　骨は柔らかい軟骨の部分ができ，それが硬くなるという現象（化骨現象）を繰り返しながら形成されていく。図1-7のように手根部は完全に化骨すると10個になり，およそ12歳で大人の骨格に近い状態に完成される。幼児期は化骨はまだ半分しか進んでおらず関節も固まっていないため，肘や肩の関節がはずれやすく，骨折もしやすい。したがって，幼児期には骨に過度の負担がかかる運動は避けるよう留意する必要がある。

2）筋力の発達

　筋力の発育はスキャモンの発育曲線の一般型と同じ過程で発達するといわれている。身体の大きさの割合に比べ，幼児は筋力が弱いので，体重以上の負荷や，強度の高い運動は避け，様々な筋肉を使うような運動を取り入れるのが望ましい。握力の発達の様子を図1-8に示したが，10歳までは男女差はみられない。幼児期では性差というより，個人の発達速度の差が表面に出ているように考えられる。近年運動能力に影響する背筋力の低下が問題になっている。

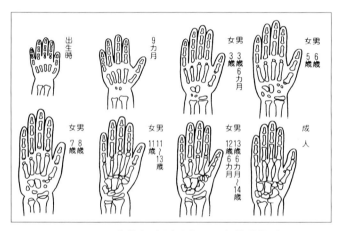

図1-7　骨成熟度（骨年齢）の評価基準模型図
（朝比奈一男・中川功男『運動生理学』大修館書店，1969）

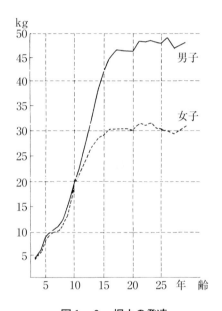

図1-8　握力の発達
（文部省，1974）

2．乳幼児の運動機能の発達

　出生してからの身体の発達には一定の順序と方向性があり，頭部から下方へ中枢から末梢へと発達していく一般的な原則がみられる（図1-9）。

　発達は，連続性をもち，全体的なものから部分的なものへと進む。

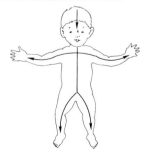

図1-9　発達の進行方向
（Goodenough，1945）

（1）乳児の運動機能の発達

身体運動はすでに胎児から始まるが，胎児や新生児の頃は，ほとんど不随意的な反射運動が中心である。大脳，小脳の発達とともに有意運動として，統制された運動が増えてくる。

シャーレイは幼児の運動機能の発達を図1－10のように示している。

図1－10　乳児の運動機能の発達

(Shirey, M.M., 1933)

（2）幼児の運動機能の発達

1歳3か月頃までに98％の子どもが歩けるようになるが，歩行が可能になるためには，筋肉や骨格の発達とともに中枢神経の発達が不可欠である。"はう""つかまり立ち"などの運動は歩行への前準備として大切な過程である。

1歳6か月頃から一歩一歩確実に体重を移動して歩けるようになり，だんだんと転ばなくな

る。またぎ越しや方向転換なども自由にできるようになる。2歳頃にはいろいろな条件での歩行が可能になり，歩行運動が完成し，走ることもできるようになる。しかし，手足はじょうずに協調できず，走る速度も遅い。年齢が高くなるにつれ，動作が合理的になり走る速度も速くなる。

3歳児の運動能力の特徴は跳躍の獲得であり，階段や椅子から繰り返し跳び降りる姿がみられる。片足跳びや立ち幅跳びも3歳半から4歳児にかけてできるようになり，全身運動の多様化がみられるようになる。全身運動の発達基準は，表1－2に示している。

表1－2　全身運動の発達基準

年齢	全身体的運動
1歳児	ひとり歩きができる（1：3） ひとりで走れる（1：6） 物につかまらずに，しきいをこえる（1：8） ボールをけるよりはたたく
2歳児	ころばずに走る ゆっくり階段を昇り降りする（つぎ足） 大きいボールをける 爪さきで歩く 両足をそろえてうさぎ跳びをする
3歳児	交互に足を出して階段を昇り降りする 三輪車に乗る 音楽にあわせて歩く 30cmの高さから跳び降りる
4歳児	スキップをする 片足立ちができる 三輪車で走る 階段を走って昇り降りする（ボールを上手投げで投げる）
5歳児	片足跳びをする 平均台を足を互に出して歩く
6歳児	平均台の上で3秒程度片足立ちする 石けり・まりつきをする なわ跳びをする

(近藤充夫，1989)

　4歳児では大筋活動が中心で，ほとんどの運動ができるようになる。走，跳，投，調整力などの運動機能の独立分化がみられる。投動作もかなり投げられるようになるが，まだ体重移動までは完成されない。

　5歳児では4歳児で未完成であった，より複雑で高度な巧緻的運動を獲得する。例えばボールを受けることがうまくできなかった幼児が，手指の感覚や小筋動作と他の運動機能との協調がなめらかになり，目と手の協応動作が巧みになってボールを受けることがうまくできるようになる。またリズムに合わせる能力も4〜5歳にかけて著しく発達する。

　6歳児では，運動能力も一段と高まり，リズムに合わせる能力も整ってくる。動作と動作を組み合わせた運動や，平衡運動が目に見えて進歩する。特に多様な運動のリズム，パターンを学ぶことは，生涯にわたる運動生活にとって重要であり，多様な運動の繰り返しによってのみ，身に付けることができる。

　また，社会性も発達し，集団で行うチームゲームも行いやすくなり，運動遊びの種類や内容が多様化し，高度化してくる。

　幼児期では，自分の身体を思うように動かすことができる「調整力」を発達させることが重要であるが，その他にも筋力などの身体のバランスや社会性など日々の生活の中で，基本動作を中心にした様々な運動遊びの経験を重ねることが重要である。

（3）運動機能の発達と基本的生活習慣

　基本的生活習慣とは，社会生活に必要な習慣であり，特に生命を維持していくのに必要な習慣を基本的生活習慣とよんでいる。

　基本的生活である食事・睡眠・排泄・着脱衣・清潔には，手腕運動の発達がかかわってくる。手腕運動の発達は，生後2〜3か月を過ぎた頃から，把握反射が消失した後，随意的に物をつかむようになっていく。物を意図的に放すことができるのは生後6か月以降であるが，神経系や小筋の発達によって指先がじょうずに使えるようになる。小さなものを持つとき，初期では手の平全体でかぶせて握るような持ち方をするが，発達が進むと指先でつかむようになり，最終的には親指と人差し指の2本でつかむことができるようになる。

　運動機能の獲得と関連して，手腕の運動を繰り返し行っているうちに定着し，自然に様々なことが実行できる習慣が形成されていく。

　図1-11は基本的生活習慣の清潔，排泄，食事，着脱衣の獲得段階を年齢別に表している。4歳頃から自立した食事活動ができ，基本的な衣服の着脱もできるようになる。3歳後半で大小便の排泄が一応できるようになり，4歳過ぎでほぼ完全になる。清潔の習慣においても，4歳頃から歯を磨く，口をすすぐ，うがいをする，顔を洗うなどが一人でできるようになる。

　幼児が基本的生活習慣を身に付けていく過程は，「できないこと」が「できるようになった」という技能的な発育とともに精神的発育にも大きく影響する。失敗したり，少しずつ上達していく過程の中で生じる様々な体験から，多くのことを学び成長していくことをふまえて援助することが大切である。

	1歳3か月未満	1歳3か月～2歳	2歳児	3歳児	4歳児	5歳児	6歳児
清潔	保育者に手や顔を拭いてもらう	口もとを一人で拭く	保育者にうながされて手や顔を洗う	一人で手を洗う	歯磨き・うがい・鼻をかむことができる	髪をとかす	清潔にすることと病気のかかわりがわかる
排泄	便器に座り最適の時に反応する	排便・排尿の予告をする	便所に入って自分でパンツをおろす（尿）	排便の後始末はべつだが一人で便所へ行く	排便の時、紙を使って始末し、便器を汚さない	ノックして入り戸を締める	便所をじょうずに使う
食事	スプーンやコップを持とうとする	スプーンを使用する	失敗するがほとんど一人で食べる	箸を使用する	友だちと楽しく食事する	食事のマナーが身に付き好き嫌いもしない	食物と身体の関係に関心をもつ
着脱衣	帽子・パンツを脱ぐことに興味をもつ	着衣に協力する	自分一人で脱ごうとする	前や脇のボタンのボタンをはずす	前ボタンをかける	一人で脱ぐ	一人で全部着る

図1-11　基本的生活習慣の発達

（近藤充夫編著『領域健康』三訂版 同文書院、1990より作成）

（4）体力と運動能力

1）体力の発達

　体力とは，人間が毎日の生活を快適に過ごすだけでなく，環境の変化に対して適応する身体的精神的な作業力と抵抗力であり，人間の生活行動の基礎となる総合的諸能力ということができる。

　猪飼らが体力の構成要素を図1-12に示しているように，体力を行動体力と防衛体力に分けて考えると理解しやすい。筋力や敏捷性など体力測定で求められるのは行動体力の中の狭義の体力である。運動して身体づくりをし，行動体力を高めるだけではなく，病気などに対する防衛体力を高めること，また，意欲や精神的ストレスに対する抵抗力を高めるなど，たくましい精神力を育てることも重要である。これらの体力を総合した体力（広義）を高めることが一生

の健康にとって大切である。

2）運動能力と運動技能

　運動能力は，運動技能の獲得を通して発達がみられる。近藤は運動技能と運動能力との関係を図1-13のように示している。

　基本動作の技能の獲得は，興味や関心など「発見」に動機づけられている。いろいろな遊びを通して自分なりの方法で試しながら獲得する過程は，子どもの発想や創造の基となるものである。また，これらは将来スポーツの技能，仕事・日常生活の技能，芸術の技能などの基本の型となるもので，基本運動の技能といわれる。

　基本運動の技能を身に付けるのは，4歳以降であるが，0〜2歳までに立つ，歩く，走る，ころがる等の移動運動の技能が獲得されていないと基本運動の技能も獲得されにくい。また，2〜6歳までに基本運動の技能が獲得されてい

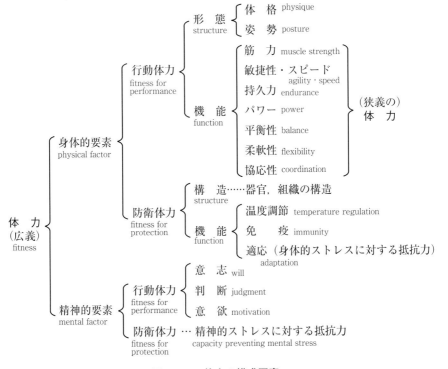

図1-12　体力の構成要素
（猪飼道夫『日本人と体力―心とからだのトレーニング』日経新書，日本経済新聞社，1969を一部改変）

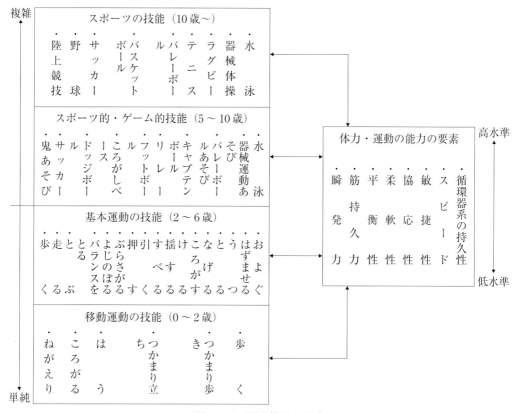

図1-13　運動技能の発達

(近藤充夫編著『健康』同文書院, 1980)

ないと，スポーツ的，ゲーム的技能が獲得されにくい。

　この運動技能の学習には臨界期があり，適切な時期に適切な経験をすることが大切で，その好機を逃すと学習が困難になる場合がある。

　基本運動の技能は，身の回りの環境をそのままの状態で利用した動作の「適応の運動技能」と，手や足で物や人を扱うのに関係する動作である「操作の運動技能」とに分けられる。

　「適応の運動技能」はその動きの型に基づいて安定性と移動動作に分類される。ぶらさがったり，跳びついたり，くぐったり等その多くは固定遊具や大型遊具の遊びによって獲得される。そして，走る，跳ぶ，かわす等は小型遊具の遊びで獲得される。つまり子どもはいろいろな遊具に適応して遊ぶことによって「適応の運動技能」が身に付くのである。

　「操作の運動技能」は荷重，脱荷重，捕捉，攻撃的動作に分類される。ボールを投げたり，けったり，なわを振ったりなど，ほとんどが小型遊具を手で扱う遊びにより獲得される。

　基本動作の技能の獲得は，歩く・走るなどの適応の動作から始まり，次に操作の動作の獲得に移る場合が多い。近藤らは幼稚園の体育の目標を達成するために84種の基本動作（表1-3）を選択し，できるだけ多様な動作を体得させることを提案している。

　また，幼児期の基本運動の獲得は，子どもが日常の生活や遊びの中で，友だちとかかわったりいろいろな活動を楽しみながら経験する中で身に付けることが望ましい。

表1-3　基本的な動作とその分類

カテゴリー	動作の内容	個 々 の 動 作
安定性	姿勢変化 平衡動作	たつ・立ちあがる　かがむ・しゃがむ　ねる・ねころぶ　おきる・おきあがる　つみかさなる・くむ　のる　のりまわす まわる　ころがる　さかだちする　わたる　あるきわたる　ぶらさがる　うく
移動動作	上下動作	のぼる　あがる・とびのる　とびつく　とびあがる　はいのぼる・よじのぼる　おりる　とびおりる　すべりおりる　とびこす
	水平動作	はう　およぐ　はしる・かける・かけっこする　スキップ・ホップする　ギャロップする あるく　ふむ　すべる　おう・おいかける　とぶ　2ステップ・ワルツする
	回避動作	かわす　かくれる　くぐる・くぐりぬける　もぐる　にげる・にげまわる　とまる　はいる・はいりこむ
操作動作	荷重動作	かつぐ　ささえる　はこぶ・はこびいれる　こぐ　おこす・ひっぱりおこす　おす・おしだす　おさえる・おさえつける もつ・もちあげる　あげる　うごかす　つきおとす　なげおとす　おぶう・おぶさる
	脱荷重 動作	おろす・かかえておろす　うかべる　おりる　もたれる　もたれかかる
	捕捉動作	つかむ・つかまえる　あてる・なげあてる・ぶつける　いれる・なげいれる　ほる　ころがす とめる　うけとめる　うける　わたす　つむ・つみあげる　まわす　ふる・ふりまわす
	攻撃的 動作	たたく　つく　わる　くずす　しばる・しばりつける　たおす・おしたおす　すもうをとる うつ・うちあげる・うちとばす　なげる・なげあげる　ける・けりとばす　ひく・ひっぱる　ふりおとす　あたる・ぶつかる

（財団法人体育科学センター，1986）

（5）運動能力の発達

　スキャモンの発育曲線でも示されたように，神経系は幼児期に急速に発達する。したがって，この時期が最も運動調整能力を高めるのに効果が高い時期といえる。バランスやすばやさ，巧みさなどの能力が顕著ではあるが，この調整力だけを伸ばせば良いのではなく，十分に遊び回るための筋力・持久力も必要である。保育者は調整力を重視した特定の運動を繰り返すのではなく，日常生活の中での様々な遊びを通して，調整力と筋力，持久力などが養われていくことを十分理解し，保育にかかわっていく必要がある。

　図1-14は6歳男女に750mおよび1500m走中の心拍数を示したものである。どちらの距離でも運動中の心拍数は190拍/分を超え，高いレベルに保たれている。

　また図1-15は，4・5歳児が鬼ごっこをしたときの心拍数を表したものである。1分で190拍/分に達し，その後6～7分と8～9分のそれぞれ1分間でやや低い値を示す以外は,120～190拍/分の高い心拍数を維持し続けている。

　マラソンにおいても鬼ごっこにおいても，心拍数は同じようなパターンを示している。つまり，日常の鬼ごっこ遊びでも持久力を高めることができるといえよう。

　幼児期の初期から走，投，跳などの能力は男児の方が優れ，年齢が進むにつれて男女差が大きくなる傾向がみられる。一方，リズム感，平衡感，柔軟性等は女児が優れる傾向がある。また，筋持久力や敏捷性は幼児では男女差がみられないといわれる。

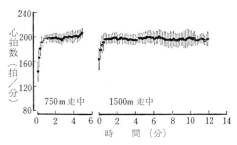

図1-14　750mおよび1500m走中の心拍数
（石河利寛「幼児マラソン」体育の科学　Vol.30,1980)

（男児）

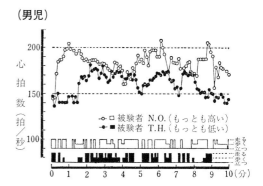

（女児）

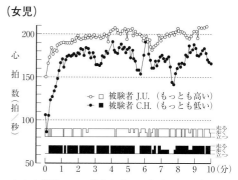

上は心拍数，下は動作を走る，歩く，立つ（しゃがむ）に分けて示している。

図1-15　鬼ごっこ中の心拍数変動
（加賀谷淳子・横関利子「幼児の日常生活の運動量」体育の科学　Vol.31,1981)

3．乳幼児の心の発達

「心」は知識・感情・意志の総体であり，人間の精神（mind）作用のもとになるものである。自分の考え，気持ちの最も深いところを表す。まごころ（heart），考え・思慮（thought），感じていること・気持ち（feeling），情け・思いやり・人情（sympathy），たましい・性根（spirit）など，様々な脳（brain）の機能が密接に関連し合って保持されている。人間は楽しいことやうれしいことがあると心が明るくなり，身体も元気に活発になるが，反対に悲しみ，不安，失望，恐怖などの強い刺激を受けると身体がそれに反応し，腹痛や頭痛を感じることがある。人間の心と身体は密接につながって発達していく。特に乳幼児期は身体の発育・発達とともに知的，情緒的，意志的，社会的発達の基盤ができる大切な時期である。

（1）脳の機能

脳は大脳，小脳，脳幹等からなり（図1-16），大脳は左右2つの半球に分かれ，左脳は言語認識や論理，右脳は創造性や芸術性，直感やひらめきに関係し，さらに大脳には4つの脳葉がある（図1-17）。後頭葉は視覚に関係し，側頭葉は聴覚と言語，ある種の記憶や情動に関係している。頭頂葉は体性感覚などの知覚に関係し，前頭葉は運動制御や短期記憶などにかかわっている。また，前頭葉の前端部には前頭連合野があり，思考や創造，意欲，記憶，計画立案，将来への展望，時間判断など，人間が人間らしく，環境に適応して生きていくための多くの機能をもっている。頭頂葉と後頭葉につながる連合野には感覚したものを知覚し，理解し，認識する働きが営まれている。このような高次の精神活動は，生まれてからの環境に左右されることが大きい。

大脳辺縁系は大脳皮質の奥にあり，記憶の定着をする海馬や，好き嫌いの判断や怒り，恐怖，喜び，悲しみなどの情動にかかわる扁桃核，「感情」を大脳皮質に伝え，具体的な行動を起こすパイプ役をする側坐核などがある（図1-16）。大脳辺縁系で生まれた「感情」を思考，判断，決断などの高度な精神をつかさどる大脳皮質に伝えることで，人間は具体的な行動を起こす。情動のコントロールは，幼児期に形

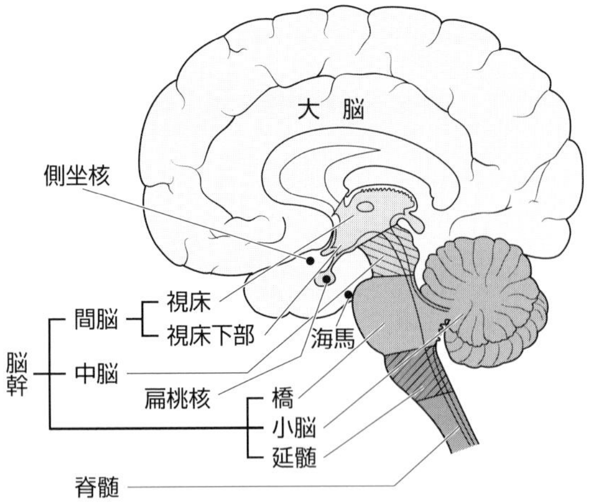

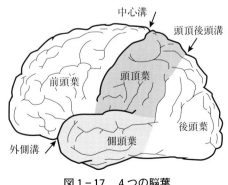

図1-16　脳の構造

図1-17　4つの脳葉

成され，将来の社会性や知的発達に影響すると
いわれている。

　脳幹（間脳，中脳，橋，延髄）は，呼吸や血圧
の調節，体の情報の伝達，脳全体の覚醒など，
生命にかかわる基本的な機能を担う。小脳は大
脳の下部にあり，姿勢の維持，平衡感覚，筋肉
運動など運動系の学習にかかわり，運動を繰り
返すことで最も効率の良い動きを記憶するの
で，幼児期の運動経験が大切である（図1-16）。

（２）脳と心の発達

　新生児の脳細胞の数は約140億，重さは約400
gであるが，「人間は生理的に早産である」と
ポルトマン[1]も述べているように，生まれたば
かりの赤ちゃんは歩くこともできなければ自分
で食べることもできない。生後6か月で脳は約
2倍の800g，7・8歳で成人の95%に達し，
20歳前後で約1,400gになるが脳細胞の数は変
わらない。

　脳の重量が増すのは，脳細胞の栄養をつかさ
どるグリア細胞が増えることと，脳の血管が発
達することに加えて脳細胞から出ている突起
（軸索）が伸びて周りの細胞と絡み合うためで
ある。脳細胞は外界（環境）からの刺激を受け
て多くの神経細胞（ニューロン）の回路ができ
あがっていく（図1-18）。神経回路ができあ
がって初めてその働きをするようになる。した
がって，乳幼児期は良い環境の中で良い刺激を
受け，多くの神経回路を形成していかなければ
ならない。

　図1-19の脳の発達からもわかるように，脳
の発達は生まれてから3歳までと4・5歳から
7歳までと，10歳前後の3段階でほとんどの回
路ができあがり，後はゆっくり20歳頃までに完
成していく。

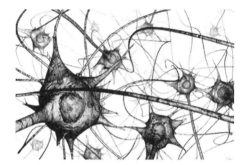

図1-18　神経細胞（ニューロン）

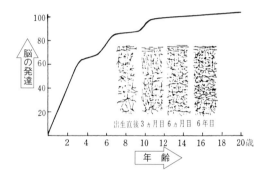

図1-19　年齢による脳の発達の状況
（時実利彦[2]『脳と保育』雷鳥社，1974より改変）

　第一段階の3歳頃までは「三つ子の魂百ま
で」と言われるように急速に神経回路ができ，
この段階は生活環境からいろいろな情報を受け
取り，すべてに受け身であり，模倣の時期であ
るので，保育にかかわる者は良いモデルとして
の意識をもって保育に携わることが大切である
（写真1-1）。

写真1-1

1）Portman, Adolf（1897〜1982）スイスの動物学者
2）時実利彦（1909〜1973）東大医学部脳研究所長

第二段階は4・5歳から学齢期にかかり，今まで従順に従っていたのが，自分の思ったことを通し自我が芽生えてくる時期なので，子どもの気持ちを大切にし，自由な空間と時間的にも余裕をもつことが大切である。また自分を抑える自制心や，やる気，意欲，意志力も芽生えてくるので，役割を分担し，責任感をもたせ，耐性を養うことが必要である。

第三段階は10歳前後であり，様々なことに試行錯誤を繰り返し，自我が確立していく時期なので，自分で考え行動する自立心を養い，大人への姿勢を確立させたい。ルソー[3]がその著書『エミール』の中で述べている第二の誕生といわれる時期であり，身体的には第二次性徴がみられ，精神的にも揺れ動くときでもある。このような脳の機能と発達を理解し，保育・教育に配慮していくことは子どもの発育・発達にとって重要なことと考えられる。

（3）知的発達と運動

フロスティッグ[4]は「運動は障がい児にかぎらず，すべての子どもに必要であり，いわゆる運動教育（Movement Education）により身体認知はもとより，時間，空間，因果関係の機会，創造的アカデミックスキル，精神，心理機能の開発にも効果がある」と述べているが，幼児の運動遊びは身体的発達を促進し，運動能力を高めるだけでなく，精神的発達，すなわち知的，情緒的，意志的面の発達を助長する。

運動能力は運動遊びを通して獲得されるが，運動遊びには「上，下」「前，後」「高い，低い」などの空間認知や，「速い，遅い」などの時間認知，「1，2，3」などの数の認知，「跳ぶ，くぐる」などの動作語や「頭，足」などの身体部位を認識するなどの知的活動が伴い，知的能力を高める。

1）知覚と運動

知的発達は感覚を通じて外界の情報を得る知覚から始まる。感覚器は，生後急激に発達し，乳児期までに一応の完成をみるが，その働きは幼児期，児童期を通じて次第に分化し正確になっていく。幼児の知覚の根本と特徴は，自我と環境とが明瞭に分化していないことである。例えば，全体と部分の知覚についてみると，図1-20の絵を幼児に見せて，どのように見えるか聞いてみると，4歳児では「線のある箱模様」と答えボールを見落としているが，7歳児では「黒い丸と線」と答え全体と部分が分化している。

運動との関係でみると幼児が他の人の動作をどう見るかということにかかわってくる。幼児は保育者の動作を見るとき全体の動きを見ていて，保育者が前回りをすると，「せんせいが，くるっとまわった」としかとらえられず，手や足，頭の動きを知覚しているわけではない。ボールをキックする場合でもボールをける全体しか見ていないので，部分を取り上げて指導してもあまり効果はない。

また，知覚の広がりは徐々に発達するので，簡単なゲームをする場合でもボールだけに目が

図1-20　全体と部分の知覚

3）Rousseau, Jean-Jacques（1712〜1778）フランスの思想家
4）Frostig, Marianne（1906〜1985）ムーブメント教育で著名なアメリカの学者

いき，周りの友だちは目に入らないので，敵味方を見分けずどこにでもパスする。幼児の運動遊びは勝敗にあまりこだわらず，幼児の知覚の特徴をとらえて楽しくできるように指導することが望ましい。

2）認知と運動

知覚したものを理解し，処理する過程を認知という。ピアジェ[5]は認知の発達段階を①感覚的構造に支えられる時期，感覚運動的知能の段階（0～2歳）と，②表象的構造に支えられる時期，前操作的知能の段階（2～7歳）とに大きく区別できるとしている。乳児は手で触れたり，つかんだりする運動（行為）を通して事物を認知するが，2歳後半頃から目の前に存在しない事物をイメージして認知できるようになる。

ピアジェは前操作的知能の段階をさらに次のように2つに分けている。

a. 前概念的思考の段階（2～4歳）　象徴遊びが豊かになり，人や物を別な物に見立てて役割（ごっこ）遊びが盛んになる。

b. 直観的思考の段階（4～7歳）　この段階では概念化の能力が進み，物事を客観的に把握する能力が発達して子どもなりの論理性を示すようになるが，まだ物の見方，推理，判断は直観的で見かけに左右され「自己中心的」な思考である。

3）空　間　認　知

3歳になると空間の知覚が急激に発達し，長さ，高さ，距離などの認知ができるようになる。空間の認知は，視知覚と関係し，上，中，下，など位置の理解につながる。例えば，3歳児では箱の中にある積木を外に出して，積木と積木を上に重ねて置く，横（前，後）に並べて置くなどが理解でき，5歳児ではかなり正確に

写真1-2　ロープジャングルジム

写真1-3　総合アスレチック遊具

理解できるようになる。位置の把握についても，トレーニングが必要であり，保育者が環境を用意して反応させることが大切である。跳び箱やダンボール箱などを使い，上にフープを置く，中にボールを入れるなどの運動遊びを展開することが，位置の認知につながる。

また，4・5歳頃にはロープジャングルジム（写真1-2）やすべり台に登る，よじ登って遊ぶなどの運動遊びが好まれ，高さの認知につながる。左右の認知ができるのは4歳6か月頃であり，例えば総合アスレチック遊具（写真1-

5）Piaget, Jean（1896～1980）スイスの心理学者

写真1-4　ポールを回る

写真1-5　「落ちないで」

3）で，左右に揺れる吊り橋を渡る，ポールの周りを（左・右に）回る（写真1-4），狭い通路をカニ歩きで移動するなどの運動遊びが左右の認知をより正確にする。

4）時間認知

　4・5歳になると速い，遅いなどの時間の認知ができるようになり，手と足の動きに合わせてタイミングよく「はい！　跳んで」と声をかけると，なわ跳びができるようになる。さらにボールの転がる速さを認知し，自分がボールに近づく速さをコントロールできるようになり，ボールを使った運動遊びを楽しめるようになる。このように運動遊びの場面においては，時間の認知発達に及ぼす影響が大きい。

5）言語機能と運動

　言語の習得は高等な心的過程に欠くことができないものであり，対人関係におけるコミュニケーションの手段としても非常に重要な役割をもち，社会的な情報伝達の基礎となる。言語を理解したり，話したりすることは，精神発達全体に影響を及ぼす。

　運動遊びの場面においても，言語教示が子ど

もにどの程度理解され，反応するのかを把握することは大切なことである。例えば，平均台を渡るのに「はやく渡りなさい」と「ゆっくり渡りなさい」の言語教示から時間差ができ，「落ちないで渡りなさい」と「ゆっくり渡りなさい」では反応に違いがある。「落ちないで」という言語教示は正確さにつながるが，「ゆっくり」は正確さにはつながらない（写真1-5）。

　また，立ち幅跳びで「ポーンと跳んでごらんなさい」と「あの線より遠くへ跳んでごらんなさい」という言語教示では，具体的に目標を示す言語教示をした方の記録が良い。運動遊びの場面での動きの指示，説明については言語の発達を十分に理解しておく必要がある。2・3歳児には動作で示し，4歳児には動作と言語で示し，5歳児には言語を主として指示や説明をすると，活動がより理解される。その他，「擬音語，擬態語，擬声語」などのオノマトペ[6]を活用することも具体的な動きのイメージにつながる。

（4）情緒の発達と運動

1）情緒の発達

　情緒は喜怒哀楽などの心的状態や感動を指

6）オノマトペ（フランス語 onomatopée）：擬音語，擬声語，擬態語を包括的にいう語

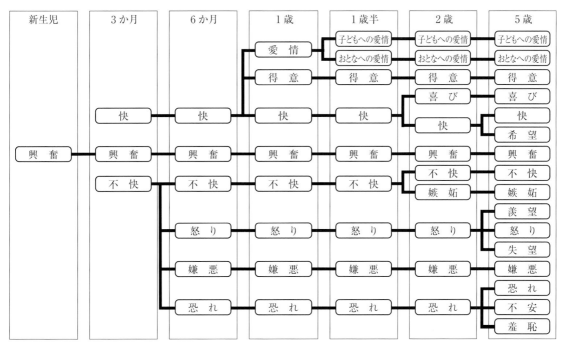

図 1-21　情緒の分化

(Bridges, K. M. B., 1932)

ブリッジェスは，乳児の観察をもとに，図のように感情が分化していくと考えた。例えば，不快（苦痛）から不快への敵対反応である怒りが分化し，次に不快を回避しようとする嫌悪が分化する。さらに，不快が回避できない経験を通して恐れが分化していくと考えられる。

し，表情を伴い身体上に表出される。喜ぶときはニコニコして顔の筋肉がゆるみ声を出す。怒るときは眼光が鋭くなり，息づかいも荒く顔面蒼白になったりする。

　喜び，怒り，恐怖などの情動を支配するところは大脳辺縁系であり，情緒の発達は未分化なものから，徐々に分化していく。ブリッジェス[7]は，5歳までの乳幼児の観察をもとに情緒の分化の様子を図1-21のように示している。

　新生児の情緒はただ漠然とした興奮でしかないが，生後3か月頃から快，不快の状態に分化する。6か月頃から怒り，嫌悪，恐れなどに分化し，1歳で愛情，得意などの情緒が表れる。2歳で嫉妬（しっと）などが表れ，基本的な情緒が出そろい，5歳頃までにほぼ大人と同じくらいの情緒

に分化する。

　乳幼児期の情緒の特徴としては，次のようなものがあげられる[8]。

・持続時間が短い。

・爆発的である。

・一過的である。

・表れる度数が多い。

　乳幼児期は喜怒哀楽をよく表し，1日に何度となく情緒の起伏がある。成長するに従い抑制力をもち情緒の露骨な表出は少なくなり，頻繁な発現は減少する。情緒の発達と表出の仕方は環境への適応やパーソナリティの形成にもかかわりをもち，日常生活においてたいへん重要である。

7）Bridges, Katharine May Banham（1932）"CHILD DEVELOPMENT"アメリカの発達心理学者

8）小林芳文『ムーブメント教育の実践』学習研究社，1985

２）情緒と運動

泣いている乳児を抱き上げて軽く揺すると，ニコニコし，背中を優しくさすり軽くたたくと落ち着いた表情になる。「たかい，たかい！」と声をかけながら身体を上に持ち上げるとうれしそうに「きゃっ，きゃっ」と全身で笑うというように，乳児は運動とともに声をかけることで喜びを表す。

運動（motion）は，感情（emotion）を引き起こし，感情は運動につながるとも考えられる。

幼児が雨で外に出られない日が続き，思い切り身体を動かすことができないと，欲求不満に陥り，あちこちでけんかが起こり，奇声を発して大騒ぎになったりする。室内でも思い切り身体を動かす楽しい運動遊びができると，情緒が安定し，落ち着いた静かな雰囲気になる。また，運動を伴うゲームで勝ったときには喜びながら大声を出して感情を表出し，楽しく満足した気分になる。負けて残念がるといった感情の起伏も，運動遊びをすることによって経験することができる。

6か月頃から恐れの感情が分化するため，急に大声を出したり，高い所に上がったりすると，恐怖心を抱くので徐々に環境に慣れさせることが大切である。

３）パーソナリティと運動

パーソナリティ（personality）は個人の行動傾向の形成であり，その人独自のもので，身体と心が統合されて，どのような場面でも共通した一貫性のある行動を示す。

運動には多種多様なタイプがあり，幼児期にはいろいろな運動を経験することが大切であるが，身体的能力だけが運動遊びに必要ではなく，パーソナリティや知的能力も運動遊びを左右する要因である。遠くへ跳ぶ，高い所から思い切って跳び降りるなどには，大胆さや気力，積極さが必要であり，ぶら下がったり，引き続

表1-4 運動能力とパーソナリティとの関係

筋持久的能力	意識的粘り強さや気力，正確さを養う
瞬発力	気力，自信，積極性を養う
平衡的能力	適応性，判断の正確さ，集中力を養う
敏捷性	適応性，判断の正確さを養う
協応性	適応性を養う
柔軟性	緊張，弛緩を身に付ける
速度的能力	適応の速さを身に付ける

けたりする持続的な運動には，忍耐強さが必要である。

運動能力とパーソナリティは密接な関係があり，要約すると表1-4のようになる。

運動遊びとの関係では，パーソナリティを考慮した内容を準備することが必要である。例えば，集中力のない子どもには，集中力を必要とする平均台渡りや，巧技台を用いたはしご渡りなどの落ち着いて行動しなければできない運動遊びを提案し，消極的でおとなしい子どもには，活発に行動しなければ遊べない運動遊びを提案する。また，運動遊びにおける言葉がけにもパーソナリティを考慮して，いつも慌てる子どもには「ゆっくりしてごらんなさい」とか，動作が遅く消極的な子どもには「思い切ってやってごらんなさい」など，その子どものパーソナリティに適合した言葉がけを行うことが望ましい。

（5）社会的発達と運動

１）社会的発達

社会的発達とは社会の中で生きていくため対人関係や，様々な能力を身に付けていく過程を指し，運動能力や言語などの諸能力の発達を基盤にして統合的に発達していく。

乳児は世の中に出て初めて出会う母親や家族など周囲の人々との触れ合いを通して社会性を発達させる。生後1か月頃は人と物を区別する

ことができないが周囲の刺激に反応する。吸乳を通して母親の温かさを感じ徐々に人を認識するようになる。3か月頃になると人と物の区別ができるようになる。人の声がする方に注意を向け，あやすと笑うようになり，社会的行動がみられるようになる。

4・5か月頃になると人との接触を求めるようになり，泣くことで欲求を表し周囲の人を呼ぶ行為を再現する。8か月頃になると母親やいつも周囲にいる人といない人との区別ができるようになり，初めて会った人やめったに会わない人には人見知りをして抱かれなくなり，泣いたりする。

1歳を過ぎて歩行ができるようになると，生活空間が拡大し，多くの人と接するようになる。言語の獲得も徐々に進みコミュニケーションが可能になり，社会的行動が広がる。2歳半頃までは依存期といわれ，周囲の大人（特に母親）に依存し，従順で受動的な行動が中心で，困ったことがあるとすぐ母親のところへとんで行く。

2歳半頃から4歳頃までは，自己主張が強くなり大人の支配から自立しようとして反抗的になる。4・5歳頃になると独立性が増し，大人の承認を求めて否認を避けようとするが，友好的で協調的である。

パーテン[9]らは，社会的行動の発達による遊びの分類をしている（表1−5）。

子どもとの関係では，2歳前後は一人遊びや他の子どもの遊びを傍観していることが多いが，2歳を過ぎた頃から友だちを求めるようになり，遊具や遊びを通して友だちとの対人関係が発展していく。

2・3歳頃は同じ場所で遊んでいても一人ひとりお互いに関係なく勝手に遊んでいる（並行

表1−5　社会的行動の発達による遊びの分類

① 何もしていない行動	刺激になるものがなければ興味も表わさなければ運動もしない。
② 傍観者的行動	他の子どもの遊びを見ているだけで参加しない
③ 独立した遊び	一人で遊んでいて他の子どもと関係ない。
④ 並行的遊び	他の子どもと同じ玩具で遊んでいても一緒に遊ばず，一人で遊ぶ。
⑤ 連合的遊び	他の子どもと遊ぶが相互の関係はうすい。
⑥ 協同的遊び	一定の組織をもった遊びを協同して行う。

(Parten & Newhall, 1943)

遊び）。3歳前後になると友だちと一緒に遊ぶことを好み，積極的に友だちを求め，役割（ごっこ）遊びなどを通して話しかけ，遊具や玩具の貸し借りもできるようになる。しかし，この時期はお互いの自己主張が強く調整がうまくできないので，よくけんかをするが仲直りも早い。幼児はけんかを通して相手の気持ちを察し，自分の欲求をコントロールする自制心や，忍耐心を養い友だちとの関係を学んでいく。友だちと仲良く遊べるようになるのは，4・5歳過ぎ頃からであり，遊びを通して協同的行動や役割，責任などを認識するようになる。

2）社会的発達と運動遊び

運動遊びは身体的発達を促し，知的面の発達を助長するが，社会的な発達にも密接に関係する。乳児は，抱いてゆりかごのように揺らすと手足をバタバタさせて喜び，抱き上げて高く持ちあげると「キャッキャッ」と笑い，運動を伴った遊びを好む。そして次第に人を意識し，接触を求めるようになる。はったり，歩いたりして移動運動ができるようになると，人の

9）Parten, Mildre, B.（1932）子どもの遊びから相互交渉の仕方を観察し，「社会的参加度の発達過程」を分類したアメリカの学者

いる方に行き，多くの人と交流をし始める。

　1・2歳児の社会的発達段階でみられる一人遊びは，徐々に3歳を迎えるあたりから仲間との遊びが盛んになってくる。そうすると次第にいろいろな運動遊びができるようになる。人と遊具のかかわりで成り立っている運動遊びは多く，例えばボール遊びに関して，一人でボールを転がす，投げる，受ける，打つなどの運動技能を感覚的に獲得できるだけでなく，相手と役割分担をして転がして受ける，投げて投げ返してもらう等，仲間と楽しく遊ぶことを体得することができるようになる。

　4歳を過ぎる頃になると競争心が芽生え簡単なルールを理解して競争的なゲームができるようになる。遊びの中での単純なかけっこや運動会での競争競技の他，サッカー等の仲間と一緒に行う集団運動を通じて競争心や協同して勝利することを学ぶ。順番を守る，負けても耐えること等，ルールを守ってみんなで楽しく身体を動かして遊ぶことを理解するようになる。しかしながら，競争的遊びに偏ると勝敗のみにこだわり，遊びそのものを楽しむ気持ちが薄らぐので注意しなければならない。

　5・6歳頃になるとキックベースボール，ドッジボール，ポートボールなどのルールを理解してできるようになる。集団の中で自分の役割がわかり，仲間と連動をしながら責任を果たす等，運動を通じて次第に社会的行動がとれるようになる。

　このように子どもは，いろいろな運動遊びを通じて社会性を身に付けていく。特に運動遊びは社会的行動がとれないと成り立ちにくい側面があり，社会的行動の基盤ができる大切な時期である乳幼児期において，運動遊びにかかわることは社会的発達が助長され大変有効である。

　運動遊びを通して社会的に望ましい行動がとれるように方向づけることは，子どもの将来にとって大切なことである。

4．現代社会と乳幼児

　文明が発達した現代社会は，合理的で便利であるが，一方では人間が心身ともに健康に生きることを阻害する環境や生活構造を形成している。都市化が進み高層建築が増加し，自然環境が破壊される中で，子どもたちは自然に親しむことから遠ざかり，のびのびした子どもらしさを失いつつある。特に発育・発達途上にある乳幼児にとって育つ環境は極めて重要であり，その生活構造について認識し，より良い環境をつくるよう配慮しなければならない。

　子どもの生活構造[10]

　・時間的要因……生活時間

　・空間的要因……生活空間

　・人的要因………家族関係，教育，しつけ

　・経済的要因……家計，衣，食，住

（1）生活時間と遊び

1）起床・就寝・睡眠

　起床時刻については，1・2歳児では午前9時以降が約10％であるが，5・6歳児になると7時台が60％以上となっている。就寝時刻については，午後9～10時の間に就寝する幼児が全体の8割であるが，午後11時以降に就寝する幼児では1～3歳児で10％近くおり，低年齢のほうが，遅寝の傾向がみられる（図1-22，1-23）。

　睡眠時間については，平成25年（2013年）NHK

10）平井信義他「児童の生活構造の時代的変遷に関する研究」第1報，第2報，大妻女子大学家政学部紀要　第9・10号，1973, 1974

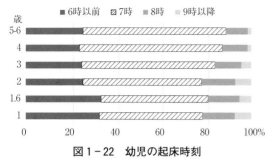

図1-22　幼児の起床時刻

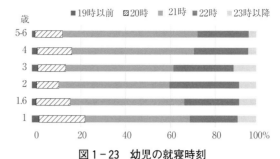

図1-23　幼児の就寝時刻

（図1-22・23，日本小児保健協会「幼児健康度に関する継続的比較研究」2011より作成）

放送文化研究所幼児生活時間調査によると，幼児全体の平均睡眠時間は，月曜10時間33分，日曜10時間52分であり，平成15年(2003年)の同調査と比べると短くなっている。月曜日は幼稚園・保育所等での在園時間が長くなり，身の回りの時間が長く，睡眠時間が短くなる。幼児期の睡眠は発育・発達に重要な時間のため，これ以上少なくならないようにしなくてはならない。

2）遊　　び

遊びは「幼児の発達つまりこの時期の人間の発達の最高の段階」と遊びの重要性についてフレーベル（p.29参照）が説いているが，現在の子どもたちの遊びは以前に比べ決して豊かとはいえない。

日本小児保健協会の調査によると幼児の普段の遊びは，2歳児ではお絵かき・粘土・ブロックなどの造形遊びが最も多く，次にボールやすべり台などの運動遊びであった。10年前の調査では運動遊びが多かったが，逆転している。3歳以上になるとごっこ遊びが増えるが，幼児期においては空想や想像の世界を好むためこの時期に多くみられる遊びである。3番目がボールやすべり台などの運動遊びであった。5・6歳においては，お絵かき・粘土・ブロックなどの造形遊び，次にごっこ遊び，3番目に自転車・三輪車など乗り物遊びであった（表1-6）。い

つも遊ぶ場所では，どの年齢においても自分の家が多いことから，普段の遊びに屋内遊びが多くみられることが考えられる（表1-7）。

仙田[11]は，昭和40年（1965年）頃を境に戸外遊びの時間が減少し，室内遊びの時間が増え，1990年代には室内遊びは戸外遊びの4倍となり，遊び時間も短くなったと報告している（図1-24）。戸外でわずかしか遊ぶことができない状況では，遊びの本当の面白さを味わうこともできない。

幼稚園教育要領，保育所保育指針，および幼保連携型認定こども園教育・保育要領の保育内容「健康」の内容に「いろいろな遊びの中で十分に体を動かす」「進んで戸外で遊ぶ」とある。各保育施設においては外遊びの楽しさを知らせ，十分に身体を動かす爽快さを子どもたちに経験させたいものである。

3）テレビ・ビデオ・携帯端末ゲーム

1960年代から急速に普及したテレビは生活の中に定着し，視聴時間が長くなり，テレビを見ながら食事をする，一家団欒もテレビを見ながら，という家庭も増え，家庭でのコミュニケーションの一つであった。近年は，テレビ視聴は子守りの一つになっていたが，啓発活動もあり，乳幼児のテレビ視聴時間は，NHK放送文化研究所の調査では平成15年（2003年）より平

11）仙田満『子どもとあそび』岩波書店，1992

表1－6　普段の遊び（％：2歳以上の幼児・複数回答）

	2歳	3歳	4歳	5－6歳	全体
ごっこ遊び	51.0	77.8	78.3	69.9	68.3
お絵かき・粘土・ブロックなど造形遊び	66.9	77.7	77.5	78.1	74.7
絵本	57.7	63.7	54.1	49.0	55.5
テレビ・ビデオ	48.2	56.8	49.6	50.1	50.9
テレビゲームやゲーム機	3.2	11.6	18.3	32.5	17.3
ボール・すべり台などの運動遊び	62.8	63.9	56.4	35.7	58.8
自転車・三輪車など	31.4	42.2	46.2	52.4	43.4
その他	10.2	10.8	7.9	9.1	9.5
不明	15.9	2.2	3.2	3.8	6.5

（日本小児保健協会「幼児健康度に関する継続的比較研究」2011より作成）

表1－7　いつも遊ぶ場所（％：2歳以上の幼児・複数回答）

	2歳	3歳	4歳	5－6歳	全体
自分の家	78.3	86.7	86.7	86.5	84.4
友だちの家	22.2	25.4	28.5	33.2	27.6
家のまわり	38.5	41.7	47.6	49.9	44.0
公園	52.5	60.0	55.3	50.2	54.0
児童館などの児童施設	18.1	14.4	8.3	5.7	11.4
その他	9.5	12.2	10.3	8.1	9.8
不明	15.9	2.2	3.2	3.7	6.5

（日本小児保健協会「幼児健康度に関する継続的比較研究」2011より作成）

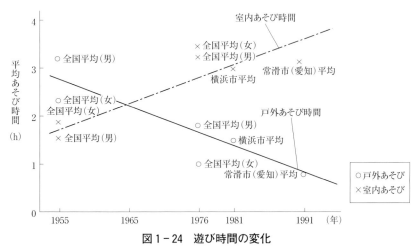

図1－24　遊び時間の変化

（仙田満『子どもとあそび』岩波書店，1992）

成25年（2013年）では減少した（図1-25）。

0歳児において，テレビ視聴時間0分が2003年では32％であったのが，2013年には47％となり，2～3時間が2003年では21％であったのが2013年では6％へ減った。1～3歳児，4～6歳児においても，同じく0分が増えている。

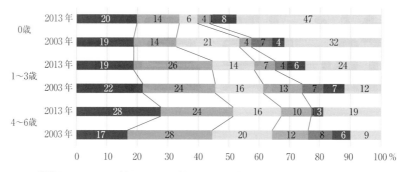

図1-25　テレビ視聴時間の分布

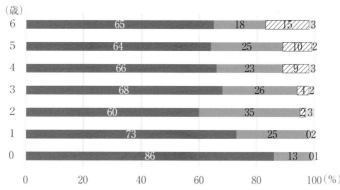

図1-26　映像メディアの接触時間のメディア別構成比 （年齢別・日曜）
（図1-25，1-26ともNHK放送文化研究所『幼児生活時間調査』2013より作成）

　一見メディア視聴時間は減少した感があるが，2003年頃からビデオ，テレビ・携帯ゲームを所有する家庭が多くなり，ビデオ視聴，テレビ・携帯ゲームをする時間が増えている。特に録画番組・ビデオの利用は，年齢別では2歳児が35％とピークである（図1-26）。

　テレビ・携帯ゲームは年齢が上がるにつれて接触率が上がっている傾向であり，最近ではインターネットも加わり，メディア接触時間が増えることにより，身体を動かさない状況になっているので，身体発達はもとより，脳の発達にも影響が懸念される。

4）塾とけいこごと，早期教育

　現在，幼児の生活時間の中で，比較的大きな割合を占めているのは2・3歳頃から始まる塾やけいこごとである。高学歴社会の影響で子どもの教育を早く始めると良い結果が出ると親自身が思い込み，競って早期教育に走り，営利主義の宣伝も手伝って塾やけいこごとに通わせる傾向はますます強くなっている。

　けいこごとは2・3歳頃から始まり，全体では水泳，スポーツ，ピアノ，英会話が主であるが，スポーツクラブや幼児教育の増加によりけいこごとの多様化がみられる（表1-8,1-9）。

（2）生 活 空 間

　子どもが日常どのような空間で生活をしているかということは，発育・発達にも影響し，自立への第一歩としても重要なことである。

表1−8　習いごとの有無（％）

	2歳	3歳	4歳	5−6歳	全体
やっている	10.1	20.1	32.4	55.1	31.0
やっていない	73.9	77.5	63.9	41.5	62.4
不明	16.0	2.4	3.7	3.4	6.6

表1−9　幼児の習いごと（％）

	2歳	3歳	4歳	5−6歳	全体
入学準備のための塾	2.5	0.8	2.4	4.3	3.2
幼児教室	27.5	17.6	11.0	6.4	10.8
音楽（ピアノなど）	16.3	27.2	21.4	27.5	25.1
お絵かき	0.0	0.8	1.4	0.8	0.9
造形	1.3	0.8	1.0	0.6	0.8
そろばん	0.0	0.0	0.5	2.7	1.6
体操	26.3	16.0	22.9	18.3	19.7
バレエ	0.0	3.2	3.8	4.3	3.7
水泳	17.5	26.4	38.6	40.4	36.1
剣道・柔道	0.0	1.6	0.5	2.3	1.6
野球・サッカー	0.0	2.4	7.1	11.1	8.1
習字	0.0	1.6	1.9	4.5	3.1
英語・英会話	26.3	24.8	22.9	13.6	18.3
その他	13.8	10.4	11.0	16.2	14.0

（表1−8，1−9とも日本小児保健協会「幼児健康度に関する継続的比較研究」2011より作成）

1）住　　居

　都市と農山村などの地域により住居の条件や環境は異なるが，現在の一般的傾向は一戸建てや平屋建ては減少し，高層建築の住居が増加している。高層建築住宅は，乳幼児にとって常に危険がつきまとい，すぐに戸外に出られないこともあって土への感触を忘れさせる。

　また，広さにも限界があり部屋数も少なく，階下へ響くこともあり，大声を出すことや部屋の中で活発な遊びをすることができない。

　特に乳幼児期には他の騒音を緩和し，静かな環境の空間を保つことが大切であり，「はいはい」から歩行へと動きが活発になる段階では，自由に動ける安全な空間が必要である。

　最近は，部屋に家具などが多く置かれ，子ども が自由に動くスペースが狭く，探索行動を妨げ，育ちの順序を踏むことができない状況もある。幼児にとって住居は広いことも大切な条件であるが，狭くても高さを工夫して身体活動が日常的にできるようにすることも大切である。

2）遊　び　場

　子どもにとって「遊び」は生活そのものであり，思い切り遊ぶことのできる場所を確保することは，子どもの生活を保障することでもある。

　かつては，道路や空き地，家の庭，野原や川など戸外の遊びが十分できる空間が至る所にあったが，現在では交通の煩雑さや空き地の減少，狭い土地に家を建てることで庭は狭小になり，子どもが安心して遊べる空間は激減した。

　現在，子どもたちが安心して遊ぶことができ

写真1-6　公園の禁止の表示

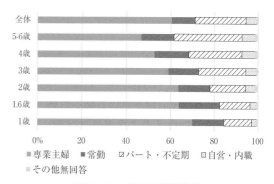

図1-27　母親の就労状況
（日本小児保健協会「幼児健康度に関する継続的比較研究」2011より）

るのは公園であるが，近くに公園がない場合や交通事情によっては親や周りの人と一緒に行かなければならない場合もあり，頻繁に利用することは困難である。また，最近の公園では，キャッチボールやサッカーなどのボール遊びや自転車乗りの禁止などもあり，子どもたちが安心して思い切り遊ぶ空間が保障されているとはいえない現状である（写真1-6）。

（3）人的要因

子どもは社会的存在であり，周りの人的環境によりその成育が左右される。現在は，夫婦と子どもという核家族世帯が多く，三世帯同居家族が減少している。以前は祖父母とゆっくりした時間を過ごすことができた子どもたちも，現在では保育所や幼稚園等の延長保育や預かり保育，あるいはテレビを見る，ゲームをするなど，物とのかかわりの中で育っている。

また，現在は少子社会であり，きょうだいの数が少なく家庭で複数のきょうだいと遊ぶこともなく，親の帰宅が遅いこともあり人と接触する機会が減少している。

昭和48年（1973年）のオイル・ショックを契機として，昭和50年（1975年）には女性雇用者の数は急速に増加した。日本小児保健協会の平成23年（2011年）の調査によると，子どもをもつ母親の就労は，パート，アルバイトを含め全体で約40%であり，子どもの年齢が上がるに従

い母親の就労率は増加し，5・6歳児では，約47%の母親が就労している（図1-27）。

（4）幼児文化

資本主義社会が著しく進んだ社会では，あらゆるものの商品化が進められ，育児用品や幼児文化，保育や幼児教育までも産業化されている傾向がある。

最近，一見便利で機能的にみえるが，乳幼児の発育・発達を阻害するおそれのある赤ちゃん用椅子，歩行器，紙おむつなども販売され，多く利用されている。保護者や保育者は，子どもの発育・発達を考慮し，これらの商品に対して選択眼をもつべきである。

また，最近の玩具はボタン1つで動くものや，キャラクター商品などが多く，創意工夫して遊ぶものは少ない。一人で遊ぶ携帯端末ゲームや幼児用ビデオなど戸外遊びを妨げるものも多く，身体発達や対人関係など社会性の発達への影響が考えられる。

玩具を含め，七五三，ひな祭り，こどもの日などの子どもの行事では，大人の選択が多く，大人の幼児観や認識が高価な商品の購入につながっていきやすいため，商業ベースにのせられず，幼児の発育・発達にとって効果があり，有意義なものを選択してほしいものである。

第2章　乳幼児の運動遊び

幼児の生活は遊びであるといわれているように，子どもにとって遊びは生きることそのものである。子どもは，日々の遊びの中で探索し，創意工夫し，挑戦し，失敗し，それを乗り越え

て人間らしく生きていく力を身に付けていく。ここでは，遊びの概念，運動遊びの意義と重要性，指導上の留意点について述べる。

1. 遊びの概念

幼児は，遊びを通して様々なことを学び，社会に適応できる能力が養われる。遊びがなぜ起こり，その本質は何かということについては，古い時代から哲学や心理学，教育学などの分野で研究され，余剰精力説，生産準備説，反復説など多くの学説がある。

ホイジンガ[1]は『ホモ・ルーデンス』の中で「人間の文化は遊びにおいて，遊びとして成立し発展した」と遊びを文化としてとらえた。また「遊びは自由なものであり，実生活以外の仮構成をもち，利害から離れた時間，空間のみで行われ，特定の規則に支配されるものである」と遊びの定義を試みている。

その後カイヨワ[2]は『遊びと人間』の中で，遊びを次のような活動として定義している。

① 自由な活動……遊ぶ人がそれを強制されれば，遊びは魅力的で楽しい気晴らしという性格をたちまち失う。

② 分離した活動……あらかじめ定められた厳密な時間と空間の範囲内に限定されている。

③ 不確定な活動……ある程度の自由が遊ぶ人のイニシアティブにゆだねられるから，あらかじめ成り行きがわかっていたり，結果が得られたりすることはない。

④ 非生産的活動……財貨も富もいかなる新しい要素もつくり出さない。ゲーム開始のときと同じ状況に帰着する。

⑤ ルールのある活動……通常の法律を停止し新しい法律を一時的に立て，約束に従う。

⑥ 虚構的な活動……現実生活と対立する第二の現実あるいは全くの非現実という特有の意識をもつ。

以上の定義をふまえてカイヨワは，遊びを次のように分類している。

・アゴーン……競争という形をとる（スポーツ）

・アレア……運や偶然による（宝くじ，カジノ）

・ミミクリー…模倣，演技をする（映画，演劇）

・イリンクス…めまい（眩暈）の追求（登山）

これらの4つの項目がいろいろに組み合わされることにより遊びのほとんどが包括される。

1）Huizinga, Johan（1872～1945）オランダの言語学者，歴史学者，『ホモ・ルーデンス』1938
2）Caillois, Roger『遊びと人間』1958

幼稚園の創始者として知られるフレーベル[3]は，遊びを自発的活動としてとらえ，子どもは遊ぶことにより楽しみながら様々なことを学んでいくと説き，決して命令的，規定的，干渉的であってはならないとし，幼児期の子どもの発達における遊びの重要性を深く認識していた。

モンテッソーリ[4]は，子どもの自由，集中心，自発性を大切にし，感覚教具を中心とした「モンテッソーリ教具」を考案した。決して高圧的，威圧的に迫らずに子どもが自発的に集中して取り組める環境を用意すべきで，手を動かすことによって知的な発達が促されるとした。

デューイ[5]は，「なすことによって学ぶ」と人間の行動，経験，実践を重視し，周囲の環境に意欲的にかかわる力を育み，遊びは子どもの生活であり，成長に伴いそれは仕事も遊びになるといい，生活活動説とよばれた。

ワロン[6]は，遊びは解放されて自由になった活動と，いつも統合されている活動との対立の中で，この対立を克服しながら表現するものであると考えた。

ピアジェ[7]は，遊びを知的発達における同化の働きであるとし，自らの活動や操作を様々に反復して現実にあてはめて喜ぶのが遊びであると考えた。

このように，遊びに関しては多くの説があるが，要約すると次のように考えられる。

① 楽しみであること。
② 十分に満足すること。
③ 自発的であること。
④ 遊びそれ自体が目的であること。
⑤ 活動の自由が保障されていること。

２．運動遊びの意義と重要性

身体全体を使って活動的に遊ぶ運動遊びは，身体的な発育・発達を促すだけでなく，心の様々な側面の発達も促すことが期待できる。

① 骨，筋肉，脳，心肺機能，神経機能などの身体的発育・発達を促し，体力や走る，跳ぶ，投げるなどの運動技能，運動能力を高める。

② 運動欲求を満足させ，情緒の安定をもたらす。

③ 多くの友だちと遊ぶ中で，力を合わせる，思いやる，自分の気持ちを伝える，我慢するなどを経験し，周りの人とのかかわり方を学ぶ。

④ 運動遊びの中で経験される「自分はできる」といった有能感は，望ましい自己概念の形成を促し，何事にも意欲的に取り組む態度を養う。

⑤ 遊びの中には，言葉の使用や数を数えるなどの活動，位置，方向，速さなどをすばやく正確に把握する空間認知，遊びの工夫や新たな遊びを考える創造性，ルールの理解など多くの知的活動が行われており，認知的な機能の発達を促す。

⑥ 身体を動かして遊ぶことで，お腹がすいてよく食べ，身体が適度に疲れてぐっすり眠れるといった健康的な生活習慣がつくられる。

---

3) Fröbel, Friedrich（1782～1852）ドイツの教育学者
4) Montessori, Maria（1870～1952）イタリアの教育学者，医者
5) Dewey, John（1859～1992）アメリカの哲学者，教育学者
6) Wallon, Henri（1879～1952）フランスの心理学者
7) Piage, Jean（1896～1980）スイスの心理学者

運動遊びは，単に身体的な発育・発達を促すだけでなく，情緒の安定，社会性や認知的な機能の発達，良好な自己概念や意欲的な態度，健康的な生活習慣の形成など，心身の様々な発達を促す。しかし，運動遊びをすれば，子どもの良好な発達が期待できるわけではない。運動遊びの中で，子どもたちが経験している活動や思いにしっかりと目を向け，自信がない子どもには手を貸し励まし，達成感を得られるようにすることや，相手が嫌がることをする子どもには，その気持ちを受け止めながら，相手の立場に立って考えることを伝えるなど保育者が適切な働きかけをすることが大切である。

次に，幼児期には，なぜ特定の運動（スポーツ）でなく，運動遊びが重要なのかを考える。

幼児期は，運動機能が急速に発達し多様な動きを身に付けやすい時期である。この時期に，多様な動きを経験することによって，タイミングよく動いたり，力加減をコントロールしたりするなどの動きを調整する能力が高まり，どの

ような場面においてもしなやかに対応できる身体の土台をつくることができる。これは，その後の日常生活で必要な動きをはじめ，とっさに身を守る動きや将来のスポーツに必要な動きの獲得につながる。運動遊びには，特定の運動（スポーツ）のみを続けるよりも，この多様な動きが多く含まれている。例えば，鬼ごっこには「歩く，走る，止まる，かわす，くぐる，よける」など多様な動きが含まれ，さらに，「走りながらかわす，方向転換をする」など，瞬時に判断し身体をコントロールする力も要求される。そして，なにより自発的な運動遊びは楽しい。楽しいは，「もっとやりたい」という意欲につながり，楽しく夢中になって遊んでいるうちに多様な動きを複合的に経験し遊びがさらに広がり，一層，多様に動きを獲得できるようになる。

以上の点において，幼児期の運動遊びは，非常に重要である。

3．運動遊びの指導上の留意点

（1）保育者が工夫できる　　身近な環境づくり

自然や空き地，路地などが多くあり子どもがたくさんいた時代には，子どもたちは戸外で力いっぱい遊んでいた。鬼ごっこやかくれんぼ，木登り，時には探検ごっこと称して子ども同士で遠出をすることもあった。様々な年齢の子どもが群れて遊び，年長者は年少者の面倒をみ，年少者は年長者から遊びを含めた多くのことを学んだ。そうやって遊んでいるうちに遊びを覚え，いつのまにか体力や運動能力が高められ，他の人とのかかわり方なども自然に学んでいたのである。

しかし，現代社会は都市化，核家族化，少子化などにより，子どもが自由に思う存分身体を動かせる戸外の遊び場は減少した。公園でさえも，騒音や安全上の問題から子どもが遊ぶことが制限される場合もあり，その結果，子どもの遊び場は屋外から屋内に移り，集団で身体を動かして遊ぶことから個人でゲームやネットをするといった遊びへと変容している。また，遊びたくても遊ぶ仲間がいない，時間がない子どもが増え，子どもたちが身体を動かして遊ぶ機会は大幅に減少した。さらに，科学技術の発展や生活様式の変化は，生活を便利にした反面，普段の生活の中で身体を動かす機会を減少させてしまった。

このような現代社会の環境や子どもの身体状況を考えると，安全で安心して遊ぶことができ，同年齢だけでなく異年齢の仲間，遊べる空間がある幼稚園や保育所等の存在は，子どもが十分に身体を動かして遊べる場所として大きな役割を果たすであろう。だからこそ，幼稚園，保育所等で身体を動かせる環境を整えることは，非常に重要であるといえる。日常生活の様々な場面で，子どもたちが思わず身体を動かしたくなるような空間や物的環境をつくっていきたいものである。

ここでは，保育者が工夫できる環境づくりについて述べる。

1）廊下や通路，遊戯室などの空間活用

廊下のように，長く連続した空間に遊具などを配置して，通りながら子どもが思わず動いてしまう場を設定する。平均台のような少し高さのあるものを連続して設置し，その上を歩き渡る，一定間隔に小さなコーンのような障害物を置いて，かわしながら歩く，跳び越えながら進むなどである。また，ビニールテープで直線や曲線，円形などのラインを引くことで，ライン上を歩く，走る，跳び越える，またぐなどの動きにつながる。さらに，上からボールやスズランテープをぶら下げることで，跳ぶ，跳びつく，走っていって跳びつくなど，子どもたちの様々な動きが期待できる。このように，ちょっとしたしかけをつくっておくことで子どもの動きを誘発することができる。

2）小型遊具を子どもの目につくところに配置する

子どもは目に見えないと存在を忘れてしまう。ボール，輪（フープ），なわなどの小型遊具は，できるだけ目に触れるところに置いて，いつでも手に取り遊べるようにしておくことが大切である。

3）様々な素材を用意する

新聞紙，ダンボール，布，ロープ，空き缶などの素材は，子どもにとっては自由な発想で遊べる物的環境である。新聞紙をマントに見立てて身に着けて走りながらごっこ遊びをする，新聞紙を丸めて刀に見立てて戦う，新聞紙でしっぽを作り取り合う，新聞紙をちぎって新聞プールを作り遊ぶ，新聞紙の凧を作って走るなど，いろいろな展開が期待できる。ダンボールは，バスや電車に見立ててごっこ遊び，ダンボールですべる，ダンボールに友だちを乗せて引く・押す，ダンボールでトンネルを作ってくぐって遊ぶなど，子どもの遊びは無限に広がる。

以上のように，限られた空間の中でも環境づくりをすることによって，子どもたちが自然と身体を動かし，自由な発想で豊かな遊びを展開することが期待できる。

（2）保育者がかかわる運動遊び

遊びは，本来，自由な活動であり，自分の興味や関心に基づいて自発的に遊ぶものである。保育者がかかわるという時点で，それはもう遊びではないという考えもある[8,9]。しかし先述したように，子どもの遊び環境の変化や異年齢集団による「子ども社会」の消失などに伴い，遊びを知らず，遊んだ経験に乏しい子どもが増加していることを考えると，保育者が内容を意図的に選択し，組織的に楽しい活動を行うことや，子どもの遊びを豊かにするために遊びをリードすることも必要であろう。その際に，保育者が留意しなければならない点がある。

8）小川博久編著『「遊び」の探求』生活ジャーナル，2001
9）無藤隆編著『新・児童心理学講座　第11巻　子どもの遊びと生活』金子書房，1991

1）子どもの興味・関心，楽しさ・面白さに共感した運動遊びであること

　子どもが夢中になって遊ぶのは，単純に楽しい，面白いからであり，目的をもって遊ぶ子どもはいない。保育者が遊びを設定する場合，「ねらい」という意図をもって構成するが，子どもが楽しいと思う遊びと，保育者が目的（ねらい）達成のために設定した遊びにずれが生じると，子どもにとってはさせられる運動遊びになってしまう。子どもが面白い，楽しいと感じる遊びを選択することが大切である。そのためには，子どもが，今何に面白さを感じているのかを常に意識し，子どもの「面白い」を感じ取れる保育者でありたいと願う。

2）子どもの発達段階にあったものであること

　楽しい，面白い運動遊びであっても，子どもの発達段階に合っていないものは楽しめない。2・3歳児であれば，先生や友だちを追いかける，あるいは追いかけられるだけでも十分に楽しめる。5・6歳になると，ルールの理解も進み，いくつかのきまりがある運動遊びの方が楽しめる。

3）ルールは，運動遊びを楽しくするためのものであること

　運動遊びは，ルールによって成り立つものが少なくないが，ルールは絶対的なものではなく，発達や子どもの興味に応じて変更できるものと柔軟にとらえることが必要である。決めたルールがうまく機能しない場合には，子どもが自分たちでルールを工夫する，あるいは楽しく行えるようにルールを変更して遊びを続けられるようにするなど，保育者が援助することが求められる。

4）保育者主導の一方的な保育展開にならないようにすること

　一方的な保育者の指示や命令で行うことは，もはや遊びではなく，強制的な指導に他ならない。遊びの選択は保育者であったとしても，遊びの主体は子どもである。一人ひとりの子どもが，主体的に遊びに参加し楽しむことができるようにすることが大切である。

5）保育者が遊びを触発するリーダー，ガキ大将になる

　現代の子どもは，様々な年齢の子ども集団で遊ぶ機会が少なくなり，年上のモデルや憧れの存在がいない。そのため，子ども同士で遊べない，遊びが発展しないことがある。そのような場合には，必要に応じて，保育者が年上のリーダー（ガキ大将）の役割をして，遊びを引っ張り豊かにすることが求められる。「鬼ごっこする人，この指とまれ」と仲間を募り，全力で遊ぶ。そのような態度が，子どもたちをつなぎ，活気ある遊びの雰囲気をつくり出すのである。

第3章　乳幼児の運動遊びの実際

1．人とかかわる遊び

（1）大人・仲間との運動遊び

　昨今，子どもたちが大人や仲間と運動遊びを楽しむ機会が少なくなってきている。子どもに運動が楽しいという見通しと実際の運動の楽しさを結びつける体験をさせ，運動しようとする態度を形成するには，まず，大人や仲間と一緒に運動を楽しむことが大切である。

　親しい大人とのふれあいの中から生まれる運動は，親しい人に抱かれたい，触れたいという本能的な欲求を満足させ，充実した時間をもつことで子どもの活動意欲を高める。くすぐられたり，揺らされたり，あやされたりする中で子どもは安心で安全な居場所を見つけ，次への活動を求めていくのである。

　やがて子どもは家庭から地域へ，そして幼稚園・保育所・幼保連携型認定こども園（以下，認定こども園）などの子どもが集団で集まる場所へと生活環境を広げていき，きょうだいや友だちへと様々な人々とのかかわりが増えていく。しかし，近年きょうだいの数の減少や遊びの環境の変化が著しく，子どもの遊びもゲームなどの身体を使わない遊びや，室内での一人遊びが増え，問題視されている。子どもの中で世代交代を繰り返しながら受け継がれる規範や文化は消滅し，異年齢集団でもまれることも少なくなってきている。このような状況の中で，仲間とかかわりながら他者との信頼関係を築いていく場所として，幼稚園・保育所・認定こども園の役割は大きい。集団遊びをすることや仲間と同じ遊具で遊ぶなど，遊びや生活の中で協力することや相談する場面に直面しながら，友だちとの信頼関係を深めていくのである。

　仲間との運動遊びは，逃げる，追いかける，競争するなど精いっぱい力を出して身体を動かす楽しさを味わうことができる。また，多くの友だちと遊びの場やルールを共有することで，人とかかわることの楽しさや思いどおりにならないことに直面し自分の気持ちを統制することを学ぶ。相手の動きに合わせたり，自分の身体の動きを調整したりするなど，間合いや友だちの呼吸を感じながらコミュニケーションに必要な能力を育てることができる。

　このように大人や仲間との運動遊びは身体の発育・発達だけでなく，社会性の向上や最後まであきらめずに頑張ったり，我慢したりする精神力を育み，総合的な意味で健康な心身の発達に大きな役割を果たす。

1）大人との遊び

　折々の子どもの発達に添いながら，一緒に身体を動かし，楽しい時間を過ごすことが親や親しい身近な大人と子どもの絆を強くしてくれる。不安定を楽しむ遊びも，父や母，身近な人の笑顔の中で安心して遊びを楽しもうとする姿勢が生まれる。また，声をかけながら遊ぶことも大切である。言語の発達が未熟な0・1歳児でも「1・2の3」や「さあ，いくよ」など声をかけると，声の調子や表情でこれから起こる楽しいことやワクワクした活動を楽しむことができる。

　3歳くらいまでは子どもの性格や経験に合わせて，ゆっくりと安全に行うことが望ましい。急に極端な高さに放り上げられたり，揺すられたりすると驚いて運動遊びに対して消極的な態度を引き起こすことにもなりかねない。驚かしたり怖がらせることがないようにドキドキ・ワクワク感を高める雰囲気をつくり，スキンシップを通して大人と子どもとの信頼関係を深めることが大切である。

0〜2か月（ねんねの頃）

ゆらゆらゆらりん
首にひじをあて，横抱きにしてゆっくり揺する

らっこの親子
お腹に腹ばいに乗せ，抱きかかえながら揺れる

のびのびアンヨ
「のびのびアンヨ」など声をかけながら，太ももから足先を伸ばすようにマッサージをする

3・4か月（首すわりの頃）

だるまさん
仰向けの赤ちゃんの両手をとり，ゆっくり引き上げたり寝かせたりする

ぴょんぴょんうさぎ
赤ちゃんの両脇をかかえ，膝の上でぴょんぴょんとはずませる

ギッコンバッタン
足首に座らせて両手をとり，上げたり下げたりする

5・6か月（おすわりの頃）

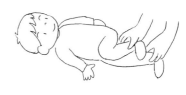

獲れたてピチピチ

横抱きにして獲れたて
の魚がはねるように小
刻みに速く揺らす

おひざでトントン

子どもの手をと
り膝に乗せて膝
を立てに揺らす

ねがえりゴロリン

もうすぐ寝返りができそ
うな時期に，片足をクロ
スさせて寝返りを促す

7・8か月（はいはいの頃）

たかいたかい

赤ちゃんの両脇を抱いて，ゆっ
くり上げたり下ろしたりする

やきいもごろごろ

（一緒にごろごろ転がる）

マテマテマテ！

後ろからはいはいで追い
かける。追いかける速さ
に変化をつけて楽しむ

9・10か月（つかまり立ちの頃）

ぐるぐるりん

だっこしてその場で回転する。
目が回ったら逆回り。ひどくふ
らつかないように注意する

おーきろおきろ

仰向けの子どもに指を握らせ
て，引っ張るように起こした
後,立たせ,そのまま吊り下げる

からだクネクネ

寝かせた子どもの両足をとり
「へびさんクネクネ」など声
をかけながら揺らす

12か月（歩きはじめの頃）

あんよはじょうず

両手をとって少しずつ歩かせる

お馬に乗ってパカパカパカ

（背中に乗せてお馬さん）

逆立ちじょうず

はっている子どもの足をとり，逆さにしてゆっくり揺らす

1歳〜1歳6か月（歩けるようになる頃）

ぎっこんばったん

足の上に乗せて両手をとり，上げたり下ろしたりする

親子ザウルス

足の上に乗せてドシンドシンと歩く

ぎっちらこっこぎっちらこ

足の上に座らせ交互に引っ張りっこをする

1歳6か月〜2歳（じょうずに歩ける頃）

するするすべり台

椅子に座り，子どもを前向きに座らせ，膝を伸ばしてすべり下ろす

山越え谷越え

四つんばいの大人に登って降りたり，お腹の下をくぐったりする

ブーランコブーランコ

両脇の大人と手をつなぎ，両足をあげて，ぶら下がる。揺らしながら前進しても楽しい

2・3歳

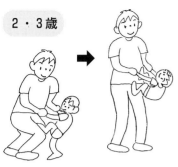

おひざにのぼってくるりんとん

向かい合い，手をとって膝に足をかけて登る。お腹のところで一回転して降りる

宇宙遊泳

子どもを小脇にかかえ歩く。子どもは宇宙遊泳をするように空中で泳ぐ

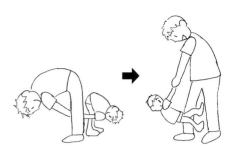

だいこん抜き

互いに背中合わせで，両足の間からのぞき込み，子どもの両手をとって引っ張り上げる

あばれ馬

お馬になって子どもを乗せ，徐々に揺れを大きくして振り落とす

せんべいはがし

うつ伏せになって床にしがみついた子どもをひっくり返す

じゅうたん引き

新聞紙の上に子どもが乗り，ぴょんと跳んだときに，新聞紙を引き抜く

4・5歳

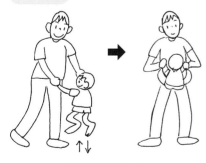

跳びつきバッタ

両手をとって互いに立ち，ぴょんぴょんぴょーんとリズミカルに跳びつき，足で腰をはさむ

おんぶずるずる

おんぶをして手を放し，歩き回る。子どもは落ちないようにしがみつく

けんけん相撲

それぞれ自分の片足を持ち，残った手で押したり引いたりして相撲をとる

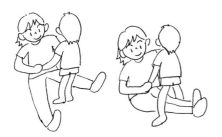  

ジャンプでグーパー

子どもと向かい合って座り，両手をとって足を広げたり閉じたりする。子どもは足の間をグーパーでジャンプする

飛行機ブンブン

両手をとって足の裏を子どものお腹にあて，膝を伸ばし揺らす

転がり丸太のジャンプ

転がってくる大人を，タイミングよく跳び越える

  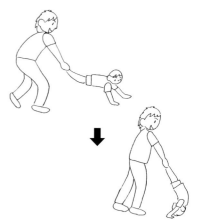

ぶら下がり

腕に両手でぶら下がる

大きなジャンプ

両手を大人とつなぎ，「1・2の3」で高く上がる

手押し車でクルリンコ

手押し車で進み，最後に足を上げてもらって回転する

子どもとの手のつなぎ方

　子どもに大人の指をつかませ，その上から包むように支える（子どもが力を出すことができて関節が緩むのを防ぐことができる）。

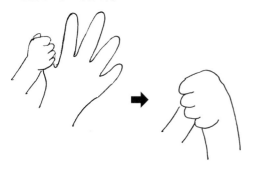 

２）仲間遊び

仲間遊びにはジャンケン遊びやリズム遊び，わらべ歌，組遊び，鬼遊びのように道具を使わない遊びや，ボール，ハンカチ，タオル，石などの道具を使う遊びがある。子どもの年齢に応じて，単純なルールで歌や動きの繰り返しが多い遊びから始めるとよい。遊びのルールを守って進めるためには，自分の思いどおりにならないこともあるという経験をさせながら，保育者の支援の下，自分たちでルールを考えたり決め

たりする機会をもつと，子どもたちにとってより魅力的な遊びとなる。既成の遊びを変化させながら替え歌遊びをしたり，構成人数を増やしたりして遊びに楽しさや変化をもたせていくことも大切である。集団での遊びやゲームは子ども同士で遊びを進めたり伝えたりできるので，異年齢の子どもが一緒に遊ぶことができるものも多い。夢中になってもケガをしたりしないように安全に注意を払って仲間遊びの面白さや楽しさを十分に味わえるようにしたい。

おおかみさんいまなんじ

① 鬼を１名決め，ほかの子どもたちは線を引いたところに並んで，「おおかみさん，おおかみさんいまなんじ？」とおおかみに問いかける。

② 鬼の子は「いま○時」と好きな時間を言う。このとき，"５時"と鬼の子が言ったら，ほかの子どもたちは５歩鬼の方へ進む。

③ このやりとりを数回繰り返し，鬼が「夜中の12時！」と言ったら，ほかの子どもたちは逃げる。

④ 鬼にタッチされたら，タッチされた子が次の鬼になる。

おおかみさん　いまなんじ　さんじだよ
ろくじだよ
じゅうじだよ
よなかのじゅうにじだよ

ひらいたひらいた

① ♪ひらいたひらいた　なんのはなが　ひらいた
　　れんげのはなが　ひらいた♪
　　みんなで手をつないで円形になり，左に回る。

② ♪ひらいたとおもったら　いつのまにか　つぼんだ♪
　　円の中心に向かって手を寄せながら集まる。

③ ♪つぼんだつぼんだ　なんのはなが　つぼんだ
　　れんげのはなが　つぼんだ♪
　　集まったままで左に回る。

④ ♪つぼんだとおもったら　いつのまにか　ひらいた♪
　　つないだ両手を伸ばしながら　後退し元の円に戻る。

たけのこ1本おくれ

① たけのこ役は木や支柱にしがみついた子どもに
　つながって座る。
② 鬼　　　　　♪たけのこいっぽん　おくれ　♪
　　たけのこ　♪まだめがでないよ♪
の問答を繰り返し，♪もうめがでたよ♪の後，1人
ずつ引き離す。たけのこ役は引き離されないように
しがみつく。引き離されたら鬼を交代して遊ぶ。

1. た　け　の　こ　いっ　ぽん　お　く　れ　　ま　だ　め　が　で　な　い　よ
2. た　け　の　こ　に　ぽん　お　く　れ　　ま　だ　め　が　で　な　い　よ
3. た　け　の　こ　さん　ぽん　お　く　れ　　ま　だ　め　が　で　な　い　よ
4. た　け　の　こ　よん　ぽん　お　く　れ　　も　う　め　が　で　た　ー　よ

はないちもんめ　　地方によって様々な遊び方がある

ふるさとまとめて　はないちもんめ　　　ふるさとまとめて　はないちもんめ
紅：あのこがほしい　　　　　　　　　　白：あのこじゃわからん
紅：このこがほしい　　　　　　　　　　白：このこじゃわからん
紅：そうだんしよう　　　　　　　　　　白：そうしよう
紅：○○ちゃんとりたい　はないちもんめ　白：○○ちゃんとりたい　はないちもんめ
じゃんけんポン
勝：かってうれしい　はないちもんめ　　負：まけてくやしい　はないちもんめ
勝：あのこがほしい　　　　　　　　　　負：あのこじゃわからん　　　　　以下繰り返す

① ♪ふるさとまとめて　はないちもんめ‥
　このこがほしい　このこじゃわからん♪
　2組に分かれて片側から交互に前に出て，下が
　りながら歌う。
② ♪そうだんしよう　そうしよう♪
　グループで集まって相談する。
③ ♪○○ちゃんとりたい　はないちもんめ♪
　前に出ながら名前を言って下がる。
④ ♪じゃんけんポン♪
　名前を言われた人同士でじゃんけんをして
　負けたら相手の組に入り繰り返し遊ぶ。

つかまえ鬼　2歳児向き

　2歳児には正しいルールのある鬼遊びは無理だが，保育者が鬼になって遊びをリードし，追いかける一逃げるの遊びを楽しむ。「それ逃げろー」と声をかけたり，「まてまてまて」と追いかけて，回り込んで抱いて捕まえる。

追いかけ鬼　3歳児向き

　1人が鬼でみんなを追いかける単純な鬼遊び。しゃがんだり，木に触るなど安全地帯を作り，「1・2・3」と数える間に逃げなければならないことを教える。
　つかまったかどうかの判断は保育者がするとよい。

名前鬼　4歳児向き

　3つほどの円を描き，名前をつける。（例：うさぎ・かめ・ぞう）
　鬼が言った円へ移動する間に捕まえ交代する。
　高鬼・色鬼・かげふみなども同じ要領で遊ぶ楽しい遊びである。
　逃げる範囲を決めておくとよい。

ことろことろ　5歳児向き

♪ことろことろ　どのこをとろう　とるならとってみろ♪
　親の後ろにつながって並び，前の人の服などをしっかりつかむ。鬼は相対し，「とるならとってみろ」の歌い終わりで列の一番後ろの子をタッチする。親は鬼に正面を向いて後ろの子どもを守るように動く。

足ふみ鬼　6歳児向き

　全員で手をつないで円になり，鬼はその中に入る。始めの合図で鬼は外の人の足を踏む。踏まれないよう足の位置を変えて遊ぶ。手を放さないように約束し，踏まれたら交代する。

ぞうさんとくものす

① ♪ひとりぞうさんくものすに　かかってあそんでおり
　　ました。あんまりゆかいになったので♪
　　全員円になって座る。保育者は歌いながらゆっくり歩く。

② ♪もひとりおいでと　よびました♪
　　のところで，1人を手招いて後ろにつける。

③ 繰り返し遊び，1人ずつ増やして列になって歩く。

⑤♪あんまりおもたく……おうちへかえろといいました♪
　　全員が元いた場所に戻る。

ひとりの　ぞうさん	くものすに	かかって　あそんで	おりました
あんまり　ゆかいに	なったので	もひとり　おいでと	よびました

木の中のリス

① 　2人で手をつなぎ「木」の役になる。中に1人入り，リスになって3人組を作る。

② ♪きのなかのリスは，きのなかのリスは♪
　♪ふえがなったら，ほかへうつろう♪
　木の役の子どもは歌のリズムに合わせて，つないだ両手を軽く揺らす。

③ 　笛の合図で，リス役の子どもは他の木の中に入る。

④ ♪そとのきは，そとのきは，ふえがなったらほかへうつろう♪
　木の役の子どもは笛がなったら，今までつないでいた手を放し，別の友だちと手をつないでリスを囲む。

（詞・曲　多志賀　明）

きのなかのリスは　　きのなかのリスは　　ふえがなったら　　ほかへうつろう

かみなりごろごろぴかぴか

① 全員で輪になって座る。鬼は中央に立つ。

② 鬼は輪の中の1人にボールを渡し，かみなりの音を出す。
「ごろごろごろ」　右回しをする。
「ぴかぴかぴか」　左回しをする。

③ 鬼が「どかーん」　と言ったときに，ボールを持っていた子どもが次の鬼になる。

だるまさんがころんだ

① 鬼は木や壁に向かって立ち，他の子どもたちは5〜6m離れた所に線を引き，出発する。

② 鬼はみんなに顔が見えないようにして「だるまさんがころんだ」と叫び振り向く。鬼に見つからないように他の子は鬼に近づいていき，振り向いた瞬間止まる。

③ 鬼は振り向いたときに動いた子を見つけ，名指して手をつないでいく。

④ つかまっていない子が，鬼とつかまった子の手を手刀で切り，みんな逃げる。

⑤ 鬼は「ストップ」と声をかけ，みんなが止まったところで3歩進み，タッチされた子が次の鬼になる。

２．自然とかかわる遊び

　子どもの成長にとって，自然はなくてはならない環境である。山や海，野原，川などの自然は，心を解放させ運動意欲を高める。そしてそれは，身体を十分に動かすことにつながり，運動の技能や能力を高める。例えば，凹凸のある道を歩くことによりバランス能力が高まり，しっかりとした足腰をつくることになる。

　同時に，山や野原では木や葉っぱに触れ，虫を追いかけ，鳥の声を聞くなど，自然は人に多くの刺激を与えてくれる。海や川では水や砂の感触を味わい，石の積み上げなど遊びを工夫することで創造性もふくらむ。このように自然に触れて遊ぶことは，身体への影響（運動能力など）だけでなく，感動体験や好奇心をわかせることで，子どもの感性を豊かにすることにもつながる。

　しかし，時代とともに社会生活は変わり，都市化の進んだ街では身近な自然環境は失われつつある。そのため，自分の足で山や野原を歩く機会も減り，この体験を知らずに成長する子どもも少なくない。自然の中へ出ていき，山や岩に登り困難を乗り越えれば，満足感や達成感を味わい，さらに挑戦し忍耐力も身に付くことに

なる。しかし，子どもを大自然に連れて行ける大人の方も複雑な社会や人間関係のストレスから，連れて行く時間と心のゆとりを失いかけている。

　その一方で，現代の子どもは，情報化社会により間接的な体験の機会は多く，身近でメディア機器によるバーチャルな世界を体験できるようになった。しかし，それは実際の体験とはかけ離れた世界であり，メディア社会の功罪としてたびたび論点として取り上げられている。

　自然環境の代替としての公園についても課題は多い。整備されすぎた公園では，遊びを面白く工夫する余地はない。プレイパークなどの冒険ができる遊び場などもあるが，ほとんどの公園では禁止事項が多い。

　このようなことから幼稚園や保育所，認定こども園といった保育施設の果たす役割は大きい。園庭には，築山やビオトープを作ったり，斜面を活用するなど立地条件を生かした環境をつくったりして，子どもの興味や好奇心を喚起させる工夫が必要である。また，自然物を使った遊びができるように整えておくことも重要である。水や砂は可塑性に富み，自由自在に遊ぶ

ことができ，手指の感触に適していることから皮膚感覚を育てる。よって，子どもが安全に安心して触れることができる水や砂，土を準備したい。

　このように保育施設では，自然に近い環境をつくることが大切であり，いつでも遊べる環境を整えておくことが重要である。

しっとりした砂までいろいろに変化する。形のない砂から自在に形を作ったり，トンネルやダムなどの構築物を作ることができる。十分に遊ぶことにより，創造性が高まり，友だちと遊んで協力することも覚える。

　「人生に必要な知恵はすべて幼稚園の砂場で学んだ」と，ロバート・フルガム[1]が言ったように，砂場は子どもにとって単なる遊び場でなく，重要な意味をもつ場所である。

（1）砂

砂は水の含み具合で，さらさらとした砂から

0〜2歳

適応　裸足で歩く　砂場の縁から降りる

操作　砂を手に握る　宝物を捜す　山を作る

《保育者のかかわりと援助》
◎砂の感触を楽しむことができるように，保育者が砂を子どもの手にかける。
◎足元が不安定な子どもの手をとり，バランスをとって歩けるように補助する。
◎砂を口に持っていかないように注意する。

3・4歳

適応　遠くに跳び降りる

押し合いっこ

操作　器に砂を入れる

《保育者のかかわりと援助》
◎いろいろな形の容器を用意する。
◎イメージがわくように「プリン」「卵」などと話しかけながら行う。

1）Robert Fulghum：1937年米国テキサス州出身。画家，教師，牧師など様々な職業を経て，ワシントン州シアトルで説法師として活動している

5・6歳

適応

操作

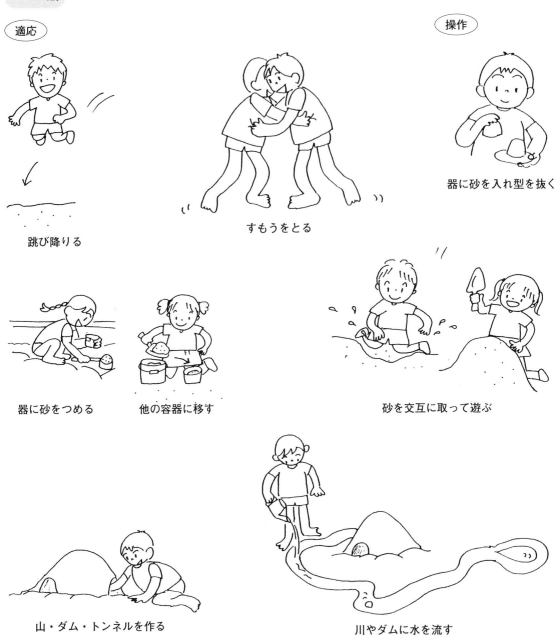

跳び降りる

すもうをとる

器に砂を入れ型を抜く

器に砂をつめる

他の容器に移す

砂を交互に取って遊ぶ

山・ダム・トンネルを作る

川やダムに水を流す

《保育者のかかわりと援助》
◎子どもは砂の状態に合わせて水を加えたり，傾斜の角度を変えて流れ具合を調整するなど，工夫し試してみる時期であるため，よく見守り，必要に応じてスコップ・箱などの用具を用意する。
◎協力して遊べるように配慮する

（2）土

土は様々に形を変えることができ，手の中で丸めたり，平らにしたり，つぶしたりなど，いろいろな遊びができる。イメージをふくらませて遊ぶうちに創造力も豊かになる。心も安定し，集中力も高まる。

3・4歳

適応

でこぼこの土や泥水の中を歩く

築山を上り下りする

操作

イメージしたものや好きな形を作る

《保育者のかかわりと援助》
◎土に触ることをいやがる子どもには，興味をもつように言葉がけをする。

5・6歳

適応

泥の上を駆け回る

土を掘り返す

操作

体にぬりつける

泥団子を作る

《保育者のかかわりと援助》
◎子どもが作った泥団子は棚に置いて飾ることも大事である。
◎洋服は汚れてもいいもの，洗濯しやすいものを着せ，存分に遊ぶことができるようにする。
◎目に泥が入らないように注意をする。

（3）小　　石

小石を積んだり，並べたり，いろいろな形や大きさの石の特徴を使って見立て遊びなどができる。また，小石を道具に使った伝承遊びなど

もある。ただし，小石とはいえ鉱物で堅いため，人や物に当たると損傷させてしまうことがあるので,投げる場合などは注意が必要である。

0〜2歳

操作

小石を見つけて拾う

拾ってカゴに入れる

小石を並べる

3・4歳

適応

小石の間を走る

操作

箱に投げ入れる

頭に乗せて歩く

5・6歳

操作

目標の石に投げあてる

《保育者のかかわりと援助》
◎人に投げないように常に注意する。
◎泥を落として使う。

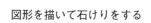

図形を描いて石けりをする

（4）水

夏になったら水遊びを体験させたい。近年，温暖化の影響で夏場，猛暑日が続くようになり，日中の遊びが制限されるようになってきた。そのような夏場の遊びとして水遊びは欠かせない。

ホースで水をかける，ペットボトルに穴を開けシャワーごっこをする，水につかったり潜ったりなどして水の感触を楽しむことができる。また，日常の生活でも植物への水やりやホースでの散水など，水に触れる機会をつくるように

する。ただし，水で濡れた床や水中では，足をすべらせ転倒のおそれがあるので気を付けたい。水遊びは，危険を伴う遊びでもあるので，ためる水の深さを考慮し，決して子どもから目を離さないなど十分な配慮と注意が必要である。

プールなどの遊びもよいが，ビオトープなど園庭に作った自然物に近い形の造形物で，せせらぎでの水遊びも興味が深まり，真剣さも増すようである。したがって，できるだけ本当の自然，つまり近くの川や海での遊びの楽しさを味わえるような工夫が必要である。

0～2歳

適応　抱っこされて水につかる

操作　水をかけてもらう

水面を手でたたく

《保育者のかかわりと援助》
◎子どもの表情を見ながら，加減する。
◎顔に水がかからない程度に水をかける。

3・4歳

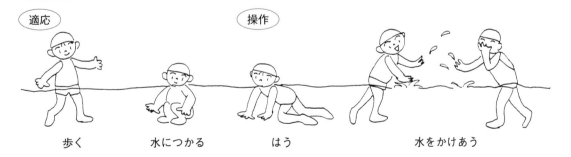

適応　歩く

水につかる

はう

操作　水をかけあう

《保育者のかかわりと援助》
◎ゆっくり歩いて，水に慣れるようにする。
◎歩くときは変化をつけ歌を歌うなど楽しく行う。
◎恐怖感を抱かせないように子どもの手を握り，安心感を与えるようにする。

5・6歳

適応

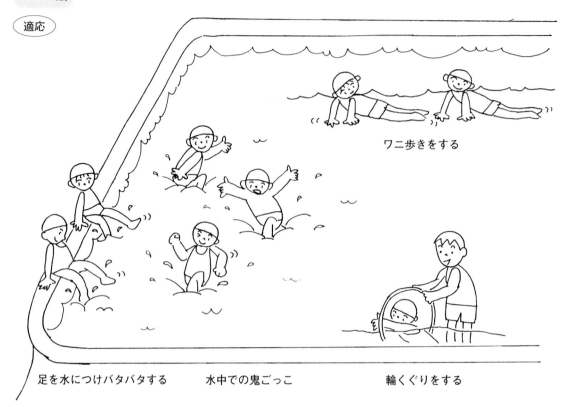

ワニ歩きをする

足を水につけバタバタする　　　水中での鬼ごっこ　　　輪くぐりをする

操作

水をかけあう　　　　水の底に沈めていた石や　　　水の中でジャン
　　　　　　　　　　ビー玉を顔をつけて拾う　　　ケンをする

《保育者のかかわりと援助》
◎水を背中やお腹にかけ，水の感触を心地よく感じるようにする。
◎肩に触れたり足を持ったりして，十分にスキンシップのある援助を心がける。
◎水温や水質を常に注意しておく。

（5）木・木の葉・木の実

　木は子どもが身近に自然を感じる対象である。夏には木陰をつくりセミがとまる。秋には落ち葉が舞い，木の実をつける。すると子ども

は，木登りや虫取りをしたり，落ち葉や木の実を道具に使って遊んだりする。保育者は木の枝になわを下げたり，タイヤを周りに重ねたりして，積極的に自然を取り込んだ遊び環境をつくり出すように工夫する。

0〜2歳

適応

木陰に入ったり出たり

落ち葉の上を歩く

操作

落ちた葉を拾う・拾った葉を散らす

《保育者のかかわりと援助》
◎四季折々の木の姿を感じさせるように散歩に行く。
◎言葉がけをしながら，いろいろな季節の変化に気付かせる。

3・4歳

適応

操作

低い木に登る

なわを引っ張って遊ぶ

落ち葉をふりかけあう

拾った葉でままごと

木の実を拾う

木の実を袋に入れて遊ぶ

《保育者のかかわりと援助》
◎いろいろな物が変化することに気付かせる。
◎木の実を水気のある所に置いておくと芽が出るので，命を教えるきっかけにするとよい。

5・6歳

適応

なわにつかまり，左右に揺れる

2本の木でジャンケン陣取り

たくさんの木の葉に飛び込む

木にタイヤを組み合わせて遊ぶ

操作

ドングリロケットを作って飛ばす

お手玉を放り投げてとらえる

《保育者のかかわりと援助》
◎子どもの発想を汲み取り，実現できるように材料や道具を用意しておく。
◎他の遊具と組み合わせダイナミックな遊びに展開する。
◎安全に気を付け，子どもの遊びを援助する。

（6）雪　・　氷

保育者がまず雪に触り，雪の感触を楽しみ，子どもを白銀の世界へ誘う。固めたり，転がしたり，雪投げをしたりなど，楽しみ方はいろいろある。子どもに雪遊びの楽しさを味わわせる

ように工夫する。

身体を緊張させず，雪と戯れるようにすれば，バランス感覚や脚筋力がつく。すべっても転んでも愉快であることを体験させながら，瞬時に手をつく反射能力も養う。大胆さや決断のよさなど，精神面の強さも伴って成長する。

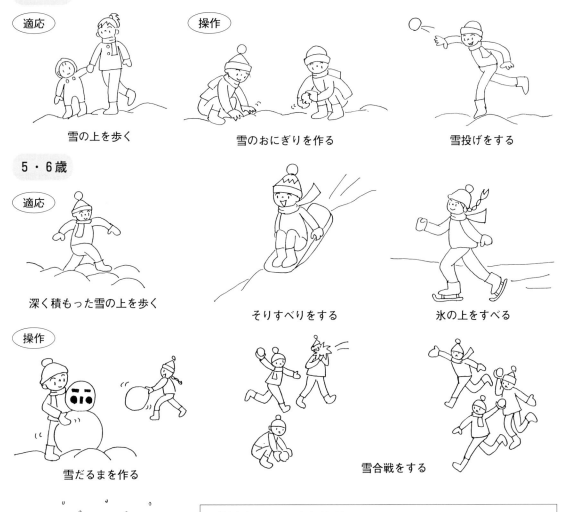

3・4歳

適応　雪の上を歩く

操作　雪のおにぎりを作る

雪投げをする

5・6歳

適応　深く積もった雪の上を歩く

そりすべりをする

氷の上をすべる

操作　雪だるまを作る

雪合戦をする

かまくらを作る

《保育者のかかわりと援助》
◎顔をめがけて雪を投げつけないように注意をしておく。
◎雪だるまやかまくらは，数人が力と知恵をだしあって作るように配慮する。
◎寒くなることが予想されればビニールを敷いて水をまいておき，厚めの氷を作っておく。
◎ぬれた手袋や洋服はすぐに乾かし風邪を引かないようにする。

3．物とかかわる遊び

　子どもの遊びを活発に発展させるものとして，いろいろな遊具や施設などの物的環境がある。はしごがあると登ってみたくなるし，ボールがあると手にとって転がしたりついたりしたくなる。このように様々な遊びの施設や遊具は，そこにあるだけで，子どもの遊ぶ心を誘発し，活動への意欲をそそらせる。

　遊具の中には戸外に設置されている固定遊具，数人で運べる大型遊具や中型遊具，また簡単に手で扱うことができる小型遊具，そして本来遊具として作られたものではないが，活用次第ではダイナミックな運動遊びができる素材などがある。

　小型遊具にはボール，なわ，輪（フープ），棒などがある。子どもが自由に手で扱い，主に操作の運動技能の遊びができるが，床に置くなどして適応の運動技能の遊びも楽しめる。子どもの自由な発想を生かしながら，それぞれの遊具の特性を利用して様々な遊びを展開する。

　大型遊具にはマット，跳び箱，平均台，巧技台，トランポリンなどがある。1つでいろいろな遊びができることが特徴であるが，組合せによってさらに楽しい活動ができるよう工夫することが大切である。

　固定遊具には代表的なものとして，ぶらんこ，すべり台，ジャングルジム，太鼓橋・うんてい，低鉄棒，登り棒，遊動円木などがあり，どこの園庭でも見られる。最近では，いろいろな遊具が組み合された総合型固定遊具や木製アスレチックなどがあり，様々な運動遊びが楽しめるという利点から多く導入されている。固定遊具の設置は子どもの動線を考慮し，かつ安全面に配慮して計画的であることが望ましい。

　素材には，新聞紙，ダンボール，ペットボトル，空き缶，スズランテープ，布，タイヤなどがある。創意工夫をすることによって遊びの楽しさや広がりが期待できる。いろいろな種類の素材を準備するとよい。

（1）小型遊具を使った遊び

　小型遊具とは，手に持って自由に扱うことができる大きさのものや，1人で動かすことができる小さい遊具である。主に操作の運動技能に適しており，様々な活動を展開することができる。一方，遊具を床に置いて跳んだり，走ったりするなど，適応の運動技能の遊びもできる。小型遊具での遊びは，誕生後の運動経験や慣れによってかなりの個人差がみられる。

　小型遊具には，ボール，なわ，輪（フープ），棒，小型積木，ビーンバッグ，バランスボール，車などがあり，昔から使われている遊具には，お手玉，おはじき，ビー玉，竹馬，缶ぽっくりなどがある。遊具はできるだけ1人に1つずつ準備し，十分に遊び込めることや，いつでも子どもが遊べるように，取り出しやすい場所に保管するなどの配慮が大切である。

1）ボール

　ボールは，0歳児から好まれる遊具の1つである。弾力性をもつことから，ボールのもつ感触に親しんだり，ボールの性質を知っていろいろな遊びが展開できる。ボール遊びには，投げる，ける，転がす，つく，打つなどの操作の遊びが多いので，調整力など，運動神経系の発育・発達が著しい乳幼児期には，特にボールとかかわれる環境づくりに配慮したい。様々な種類の素材，大きさのボールを準備しておくと活動意欲が高められる。

0〜2歳

適応

はいはいしてボールを
追いかける

歩いて（走って）ボール
を追いかける

保育者が転がしたボールに
当たらないように逃げる

操作

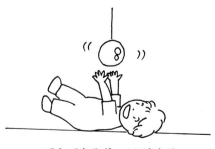

つるしてあるボールにさわる

保育者とボールの渡しっこをする

座ってボールを投げる　　　　　　　　　　立ってボールを投げる

転がるボールを取る　　　　　　　　　　　ボールを受ける

ボールを持って走る　　　　　　　　　ボールを転がして追いかける

《保育者のかかわりと援助》
◎子どもの感覚を刺激できるよう様々な素材・大きさのボールを用意する。
◎リズミカルな言葉がけ（コロコロ〜，ポーンなど）をし，遊びの楽しさや喜びを知らせる。
◎さわったりなめたりするので，衛生面・安全面には十分留意する。

3・4歳

適応

歩いて（走って）ボールを追いかける

置いてあるボールを回ってリレー遊び

保育者が大きくついたボールに
当たらないようくぐる

保育者が転がしたボールに
当たらないよう逃げる

操作

いろいろな方向へボールを投げる
（上に，的に正確に当てる，遠くへワンバウンドでなど）

その場からボールをける

（バウンドさせてける）

2・3歩歩いてける

ボールを転がしてピンを倒す

地面に置いてあるボールを
バットで打つ

（安全面への配慮）

ボールをキャッチする

大きなボールを腕と身体でキャッチ，ワンバウンドして自
分でキャッチ，小さいボールを手だけでキャッチなど

《保育者のかかわりと援助》
◎いろいろな遊びに興味をもつ時期なので，ボールはいつでも遊べるように数や種類を揃えておく。
◎遊びに夢中になると周囲に気がまわらなくなるため安全面に注意する。
◎慣れてくると友だちと一緒に遊ぶことに興味をもちはじめるので，順番や簡単なルールが守れるよう援
　助する。
◎後片付けなども自分でできるよう指導する。

5・6歳

適応

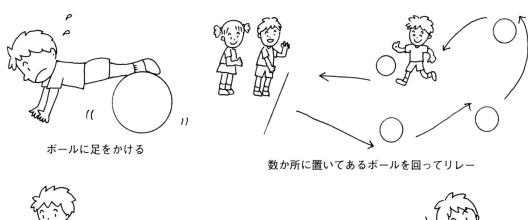

ボールに足をかける

数か所に置いてあるボールを回ってリレー

保育者が転がしたボールを跳ぶ

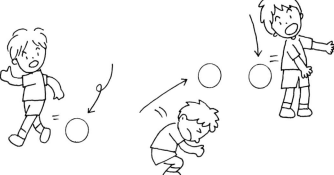

保育者が転がしたり，投げたボールに，当たらないよう逃げる
（ドッジボールに発展）

操作

友だちといろいろな方向へボールを投げあって，キャッチする
（友だちが取りやすいようにワンバウンドで，遠くへ，上に）

ボールをキャッチする

[大きなボールをキャッチ，ボールを投げ上げて
手をたたく，小さいボールを片手でキャッチ]

ボールを何回つけるかな

[まりつき，♪あん
たがたどこさ]

ステップしてける，バウンドさせてける
（サッカー遊びに発展）

地面に置いてあるボール
を手で回す

ボールを背中から投げて，
身体の前でキャッチ

友だちの投げたボールをバットで打つ
（野球遊びに発展）

足ではさんだボールを手でキャッチ

風船バレー遊び（室内）
２人がさわってから相手に
返すなどルールを工夫する

ころがしドッジボール遊び

大 玉 遊 び
10～20人くらいで２列になり，ボー
ルを送っていき早くゴールさせる

サッカー遊び

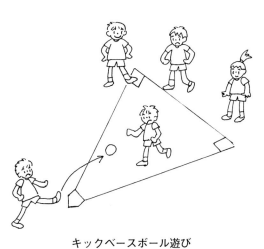

キックベースボール遊び

《保育者のかかわりと援助》
◎多くの人数で組織的にゲーム遊びなどすることに興味をもちはじめるので，積極的に遊べるよう声かけ
　をするとともに，ルールも相談しながら決めていけるようにする。
　◎年少，年中に対しても遊び場を独占しないよう配慮できるように指導する。

2）な　　わ

なわは，単になわ跳びをするだけでなく，結んだり，輪にしたり，つないだり，他の遊具と組み合せたりしていろいろな遊びが展開できる。なわ遊びは，回す，振り回す，引く，結ぶなどの操作の遊びや，くぐる，跳ぶなどの適応の遊びがあり，敏捷性や調整力が養われる。

また，なわ跳びは，なわの長さに合わせて，一人遊びから集団での遊びまで多彩である。特に集団でのなわ遊びは，仲間づくり，協調性を養うのに適した遊びである。いろいろな種類や長さのものを準備するとともに，首などの身体に対して間違った使用をしないよう安全面には十分留意する。

0〜1歳

適応

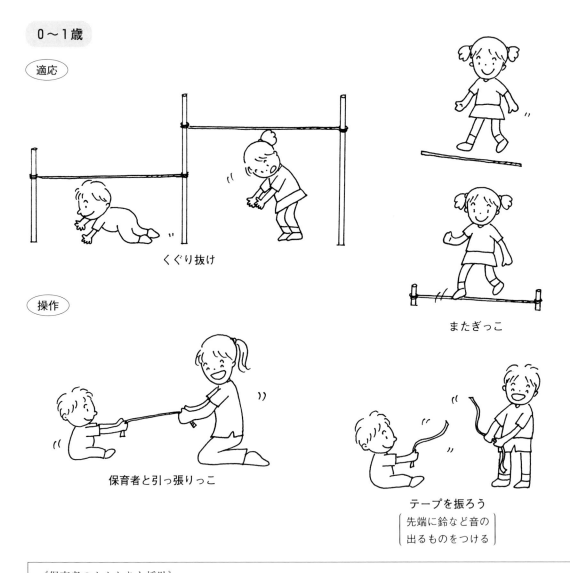

くぐり抜け

操作

またぎっこ

保育者と引っ張りっこ

テープを振ろう

先端に鈴など音の出るものをつける

《保育者のかかわりと援助》
◎身体に巻きつく，首にからまるなど危険のないように，注意する。
◎なめたり，しゃぶるなどするので，衛生面，安全面には十分留意する。

2・3歳

適応

ジャンケンポン

長なわで作った道を伝って歩く
（探検ごっこ）

操作

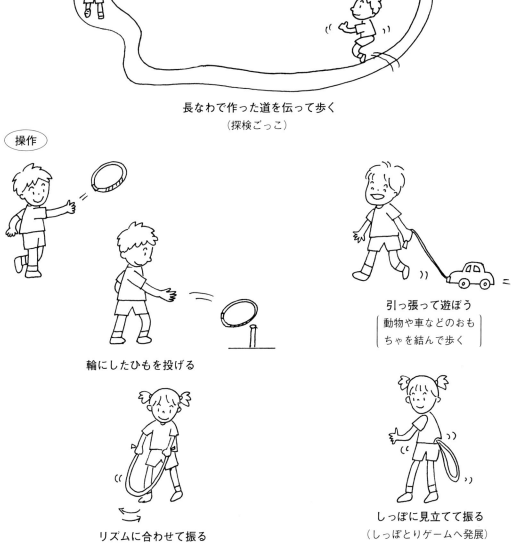

輪にしたひもを投げる

引っ張って遊ぼう
〔動物や車などのおも
ちゃを結んで歩く〕

リズムに合わせて振る

しっぽに見立てて振る
（しっぽとりゲームへ発展）

《保育者のかかわりと援助》
◎いろいろなものに見立て，子どものイメージを引き出しながら遊びに誘うとよい。
◎音楽をかけリズミカルな動きを引き出す。

3・4歳

適応

♪いろはにこんぺいとう，上か下か真ん中か
（2本のなわをいろいろな高さにして，子どもの言った場所をくぐる，またぐ，跳ぶ）

へびさんニョロニョロ

おおなみくぐり
（回っているなわをくぐり抜ける）

操作

電車ごっこ　　　　ヘリコプター　　　　ニョロニョロへび

《保育者のかかわりと援助》
◎いろいろな遊びに興味をもつ時期なので，いつでも遊べるように数や種類はそろえておく。
◎後片付けなども自分でできるよう指導する。

5・6歳

適応

ヘリコプター
（保育者の回すなわを跳ぶ）

へびさんニョロニョロ
（揺れるなわを跳ぶ）

ターザンごっこ
［木などにつながれたな
わにぶら下がり揺れる］

床に置いてあるなわを
リズムに合わせて跳ぶ

なわ跳び遊び
［保育者や友だちの回すなわをリズムに合わせて跳ぶ
♪大波小波，♪郵便屋さん，♪くまさんなど］

操作

いろいろな所でなわを回し
ながら，走ったりスキップ
やギャロップをする

前回し跳び
[真ん中を持ちり
ズミカルに跳ぶ]

ヘリコプター
[足になわを結び
回しながら跳ぶ]

なわ跳び遊び

（前跳び，後ろ跳び，あや跳び，かけあし跳び，交差跳びなど）

キャッチザロープ
[利き手でなわを揺ら
し反対の手でなわの
先端をキャッチ]

ジャンケン遊び

大波小波の要領でなわを揺らし，左右から１人ずつ入りジャン
ケン。負けたら次の人が入り，勝ったら残る。跳ぶとジャンケ
ンの２つの動作が入るのでやや難しいがチャレンジしてみる

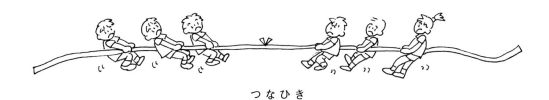

つなひき

ゴム跳び（伝承遊び）

（歌に合わせたり，おおさか跳びなど，昔からの遊びとしてしっかり伝承していきたい）

《保育者のかかわりと援助》

◎なわ跳びは，はじめリズミカルになわを回したり跳んだりするのが難しいので，音楽に合わせ一定のリ
　ズムで回したり跳んだりする遊びにするとよい。

◎なわ跳び遊びなど，リズミカルにじょうずに跳んだりできるよう合図をしたり，リズムのとり方などを
　援助するとよい。

◎いろいろなものに結びつけて遊ぶ場合もあるので，危険のないように十分注意する。

3）輪（フープ）

　輪（フープ）は，その形状から回す，転がす，投げるなど操作の遊びに適しているだけでなく，床に置いて跳び越すなど，適応の遊びにも適した小型遊具である。

　サイズも片手で持てるリングから，身体で回せる中型，大型のフープ，数人で回したり，運んだりする大型のタイヤまで様々である。いろいろなサイズや色の輪を準備しておくと活動意欲が高められる。

0〜2歳

適応

くぐりっこ

またぎっこ，跳びっこ

揺すりっこ

> フープにつかまり保
> 育者が左右に揺する

バウンドバウンド（タイヤ）
（0・1歳児は保育者に支えられて）

操作

リングを振る
（音が出るとよい）

転がす・回す

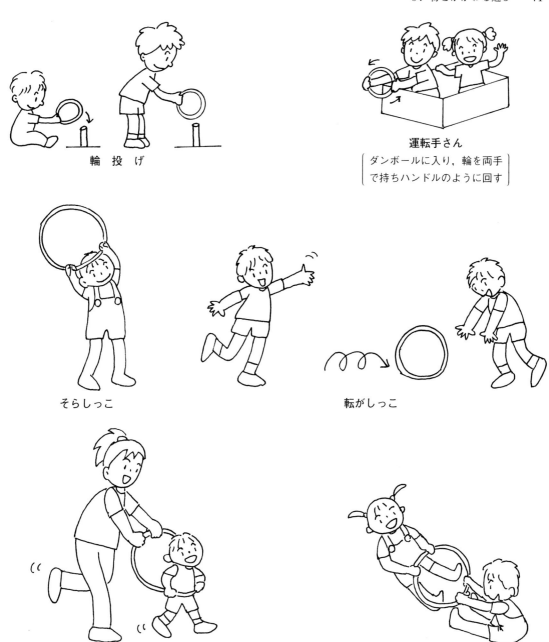

輪　投　げ

運転手さん
［ダンボールに入り，輪を両手で持ちハンドルのように回す］

そらしっこ

転がしっこ

電車ごっこ

シーソーごっこ

《保育者のかかわりと援助》
◎いろいろな色や大きさのものを準備すると，子どもの意欲が高まり楽しい活動となる。
◎乳児は，リングをなめたりすることもあるので，破損や亀裂などのないよう安全面や衛生面に注意する。
◎音が出るように工夫し，じょうずにできたらほめるなど楽しい雰囲気で活動できるよう援助する。

3・4歳

適応

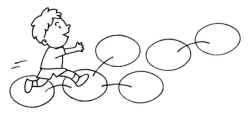

跳びっこ
（連続して跳び越す→ケンケンパーへ発展）

輪くぐり

操作

電車ごっこ

［1人ずつフープに入り，離れないようにつながって移動する］

フープ落し

［両手でフープを持ち上げ，手を放しフープが身体に当たらないように落とす］

輪　投　げ
（支柱にリングを投げ入れる）

フープ回し
（腰でフープを回す）

《保育者のかかわりと援助》
◎いろいろな操作がじょうずにできない子どもには，タイミングのとり方をリズミカルな言葉がけや，一緒にするなどして援助するとよい。
◎後片付けも自分でできるよう指導する。

5・6歳

適応

保育者が転がしたフープをよけながら走る

転がっているフープをくぐり抜ける

操作

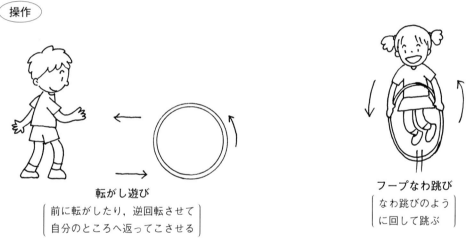

転がし遊び
[前に転がしたり，逆回転させて
自分のところへ返ってこさせる]

フープなわ跳び
[なわ跳びのよう
に回して跳ぶ]

ジャンケンポン

ケンパーで陣とりジャンケン
[フープをケンパーで並べ，両方からスタートして出会ったらジ
ャンケン，勝った者は進み，負けたチームは次の者がスタート]

フープを回して遊ぶ

（腰で回す：何個，何回。腕で回す，足で回す，コマのように）

フープを立てよう

2〜3個のフープを
使ってボール状の形
を作ったりする

フープでなべなべそこぬけ

（友だちと一緒になべなべそこぬけ）

《保育者のかかわりと援助》

◎1つのフープを友だちと力を合わせて使ったり，多くの友だちとゲーム形式で遊ぶなどして，協力する
　ことやルールを守る大切さなどを知らせるとよい。

◎いろいろな遊びを工夫して作れるよう，保育者も子どもと一緒に楽しく遊ぶ。

4）棒

　棒は，身近な素材で単純な形をした遊具であるが，持ったり，床に置いたり，目標物に利用することによって遊びが多様に発展できる。

0～2歳

適応

棒またぎ，棒跳び

ぶら下がり

操作

電車ごっこ
［棒を2本持ち，2～3
人で移動して遊ぶ］

3・4歳

適応

ケンパー跳び
（2本並べた棒をケンパーで跳ぶ）

つりばし渡り
［バランスをと
りながら歩く］

操作

拍手何回できる？
棒を立て，1回拍
手して棒をつかむ

回せるかな
両手で広く握り，前後にグルグ
ル回す間隔を徐々に狭くする

抜けるかな
両手で握り，両足
を抜いてもどる

回せるかな
（2人で2本の棒を握り一回転する）

バランスとれるかな
棒を手の平に立て，
バランスをとる

回せるかな
バトントワリング
の要領で棒を回す

《保育者のかかわりと援助》
◎0～2歳児の操作運動においては，安全面から材質を考慮する。
◎竹や棒を使用する場合，破損や亀裂がないか安全面に注意する。
◎活動的になり，相手をたたいたり，つついたりしないよう注意する。
◎新聞紙，ダンボール製の筒などで，棒が製作できることなどを知らせるとよい。
◎使った後は，後片付けができるようにする。

5・6歳

適応

タイミング跳び

> 保育者が水平にゆっくり振る
> 棒に当たらないように跳ぶ

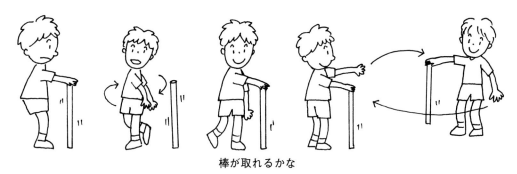

棒が取れるかな

（立っている棒を一回転して取る，2人で取る，輪になって取るなど）

V字バランス

> 2人で棒を持ち，腕を徐々
> に伸ばしながら倒れないよ
> うにV字になる

棒幅跳び（川跳び）

> 棒を使って砂場のできるだけ遠くへ着地
> （砂場に川を作り棒を使って跳び越す）

《保育者のかかわりと援助》

◎非常に活動的になり，また遊びがいろいろ発展することから，相手をたたいたり，つついたりする遊び
　に発展しないよう注意する。

5）竹　　馬

地面より高い位置で横木に足を乗せて歩いたり走ったりするので，調整力が養われる。右手右足，左手左足という「難波」の動きに慣れるため，最初は缶ぽっくりで遊ぶとよい。缶の高さや横木の高さを徐々に高くして，普段は見下ろされている子どもが大人を見下ろすことを楽しめる。

5・6歳

適応

缶ぽっくり

1本のなわで2個の缶をつなげたものや1個の缶になわを輪にして通したものを用意する

壁を使って乗る

最初は壁に寄りかかって竹馬に乗る。竹を前に倒して壁から離れる

〈竹馬歩行〉

・竹馬を持つ手は子どもの胸の高さにする。
・竹の長さは，子どもが乗って目の高さよりも長くする。
・子どもが乗っても横木が動かないようにしっかりと固定する。
・高さを怖がらないように，低い位置から始める。
・うまくバランスがとれない子どもには前から補助につき，竹を前に倒しつま先で乗るように知らせる。
・乗る位置がわからない場合は，素足で竹を親指と人差し指で挟むようにするとよい。

操作

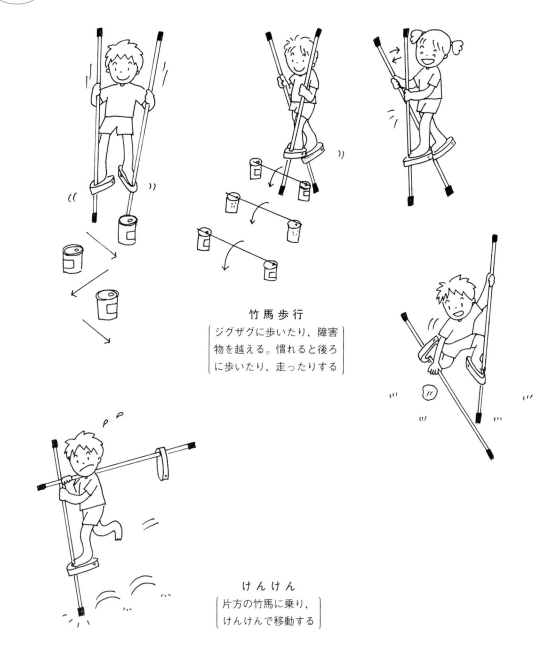

竹　馬　歩　行

[ジグザグに歩いたり，障害
物を越える。慣れると後ろ
に歩いたり，走ったりする]

け　ん　け　ん

[片方の竹馬に乗り，
けんけんで移動する]

《保育者のかかわりと援助》
◎乗り方だけでなく降り方も指導する。
◎使用するときは，竹馬が壊れていないか確認する。
◎竹馬を保管したり置いたりする場合は，倒れてこないようにする。
◎裸足で乗ったり毎日遊んでいると，手や足にマメができるので注意する。

6）三輪車・スクーター

　車は0歳児から興味を示す遊具である。各年齢に応じていろいろな遊具を使い，押したり引いたり乗ったりして，スピード感やスリルを味わうことができる。

 0〜2歳

 適応

ベビーカーに乗って，散歩する

木馬に乗って，自分でこごうとする

操作

カタ…
カタ…

手押し車を押して歩く

ミニカーに乗って，自分でけって進む

箱車の中に，好きなものを入れて運ぶ

箱車に乗り，引いてもらう

《保育者のかかわりと援助》
◎箱車や手押し車を使用するときは，衝突したり転倒したりしないように注意する。
◎ダンボールや木箱を利用するときは，破損しないように補強するなど安全に留意する。
◎子どもが興味をもったときにすぐ遊べるように，目につく所に置く。

3・4歳

スクーターに乗ってけって進む

三輪車の後ろに乗って，立ち乗り

三輪車に乗ってペダルをこぐ

5・6歳頃

操作

一　輪　車

ドライブごっこ

《保育者のかかわりと援助》
◎園庭の広さ，固定遊具の配置，車の種類，台数を考慮して，子どもと一緒に安全に遊ぶための約束をしておくとよい。
◎遊具の保管場所を決めておき，子どもが出し入れをできるようにしておく。
◎車の安全点検を定期的に行う。

（2）大型遊具を使った遊び

　大型遊具は，マット，跳び箱，平均台，巧技台，トランポリンなどの大型で移動が可能なものである。ここでは，保育所や幼稚園等で用意されている大型の遊具で，複数で移動ができるものを紹介する。大型遊具は1つでもいろいろな遊び方をすることができる。従来の器械運動のような考えにとらわれず，遊具の置き方を変えたり，分解したり組み合わせたりして遊びを発展させる工夫が必要である。

　乳児期や遊具の使いはじめの段階では，保育者が環境構成を行い，遊具を設置したり，安全を確認しなければならない。年中・年長児になると，自分たちで遊びを考え環境構成ができる

ようになる。子どもが友だち同士で持ち出しやすい所に保管し，安全な使い方を知らせておく必要がある。遊具を配置する際は，遊んでいて交錯することのないように注意し，遊具の下や着地する場所にマットを敷くなど，子どもたちが安全に遊べるように配慮する。使い終わったら，自分たちで片付けができるよう援助する。

　遊具の数は，4人に1組あるいは8人に1組程度あるのが望ましい。遊具の数が少ない場合は，子どもが待ち時間を長く感じないように友だちの活動が見える位置に並んで順番を待つなど，工夫が必要である。何種類かの遊具を使ったり，組み合わせてサーキット遊びのように配置することもできる。

1）マット

マットは，日常動作にない，転がったり回ったり逆さになるといった姿勢の変化を楽しむことができる。また，広げたり丸めたり折り畳んだりして形を変えて遊ぶことができる。マットは，衝撃を和らげるので，他の遊具の補助具としても使用される。また，すもう遊びの土俵にしたり，ごっこ遊びに利用できる。

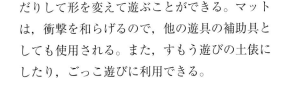

0〜2歳

適応

ころころ
[保育者が身体が転がるように補助する]

はいはい
[四つんばいになってマットの上をはいはいする]

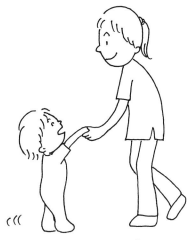

あんよはじょうず
[保育者に両手を支えられてマットの上を歩く]

でこぼこお山
[マットの下に大型積木などを置き，でこぼこを作ってその上をバランスを取りながら，転がったり歩いたりする]

《保育者のかかわりと援助》
◎子どもを揺らしたり転がすときは，表情を見ながら加減する。
◎転がってマットから落ちたりしないように，安全に留意する。
◎マットで転がったりする遊びは，食事のすぐ後は避ける。

3・4歳

適応

自転車こぎ

［仰向けになって両足をあ
げ，自転車こぎをする］

あ ざ ら し

［伏臥になり，両手でしっか
り上体を支えて前進する］

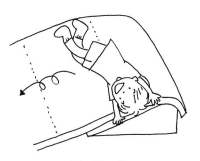

横 回 り

（鉛筆回りやだるま回りをする）

前 回 り

［両手をしっかりついて，頭の後ろを
マットにつけるように補助する］

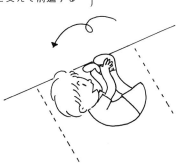

後 ろ 回 り

［両手をついて起き
るように補助する］

操作

マット転がし

（みんなでマットを転がす）

だいこん抜き

［1人がマットの端をつかんで，もう
1人あるいは保育者が引っ張る］

5・6歳

適応

人間ローラー

［友だちと身体をつけて横になり，声をかけながら
回る。上に乗る人は，友だちのお腹あたりに乗る］

逆立ち

［両手をついて足をあげる。保育者
が補助したり，壁を利用する］

足打ち

［低い位置から，少しず
つ足を高くしていく］

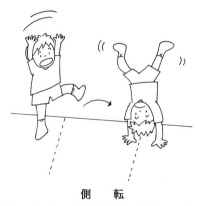

側転

（手→手→足→足の順につけるようにする）

操作

魔法のじゅうたん

（友だちをマットに乗せて引っ張る）

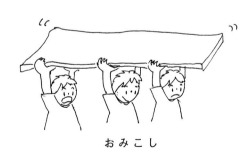

おみこし

（みんなでマットを担いで運ぶ）

《保育者のかかわりと援助》
◎子どもたちが協力して持ち運べるような大きさや重さのマットを用意する。
◎カラーマットにすると，色を使った遊びや指示を出す場合に利用できる。
◎マットを使用するときは表裏を確かめ，持ち手は必ず折り込んで安全に留意する。
◎マットは汚れやほこりをとり，清潔にして使用する。
◎保管場所は，子どもたちでも出し入れができ，湿気の少ない所が望ましい。

２）跳 び 箱

子どもたちは，高い所に登ったり，跳び降りたりといった遊びが好きである。跳び箱は積み重ねて遊ぶこともできるが，ばらばらにして床に置いたり立てたり，並べ方を工夫して，いろいろな遊びを楽しむことができる。

跳び箱というと跳び越さなければならないと考えがちだが，跳び箱を遊具として取り入れ，徐々にダイナミックな動きを体験できるようにしたい。

0〜2歳

適応

ゆ り か ご

電車ごっこ

高 い 高 い

馬 乗 り

山 登 り

ト ン ネ ル

《保育者のかかわりと援助》
◎跳び箱がきちんと固定されていることを確認し，保育者が補助する。
◎跳び箱の下にマットを敷くなど，安全に留意する。
◎跳び箱は，子どもに合わせた適度な高さにする。

3・4歳

適応

跳び乗り

走ってきて跳び箱に乗
り，そのまま降りる

着　　地

跳び箱に登り，跳び降
りて両足で着地する

跳び降りる

高く跳び上がって，保
育者の持っているタン
バリンにタッチする

跳び降りる

遠くへ着地するよう，テープや
フープで目印をつけ，跳び降りる

操作

よじ登り

（高い跳び箱によじ登る）

電車ごっこ

友だちと跳び箱の
箱に入って歩く

5・6歳

（適応）

跳び越し

> 走ってきて跳び箱を跳び越える。踏
> み切り板を置いて跳び越してもよい

島渡り

> 跳び箱を並べて，落ちないよ
> うに渡る。慣れてきたら跳び
> 箱の高さを変えてもよい

馬乗り

> 順に跳び箱に跳び乗
> り，前へつめて座る

満員電車

> 何人乗れるか落ちる
> まで1人ずつ乗る

開脚跳び

> 跳び箱を縦に置いたり，横
> に置いたりしてみる

《保育者のかかわりと援助》
◎助走を行う場合は，他の子どもが横切ることのないよう，順番や順路を知らせておく。
◎跳び箱の高さが違うもの，横置きや縦置きなど，子どもが自分の跳びたいところを選べるように配置する。
◎保育者は常に跳び箱のそばにいて，補助ができるように安全に留意する。

３）平 均 台

平均台は，高い所へ登ったり狭い所を渡るなど，平衡感覚や協応性を養う。くぐったり，跳び越したり，ぶらさがったりといろいろな動きを楽しむことができる。遊び場の腰掛けとして椅子代わりに使うなど普段から親しんでおくとよい。

平均台は，逆さにしたり他の遊具と組み合わせて使うなど，工夫することができる。

０〜２歳

適応

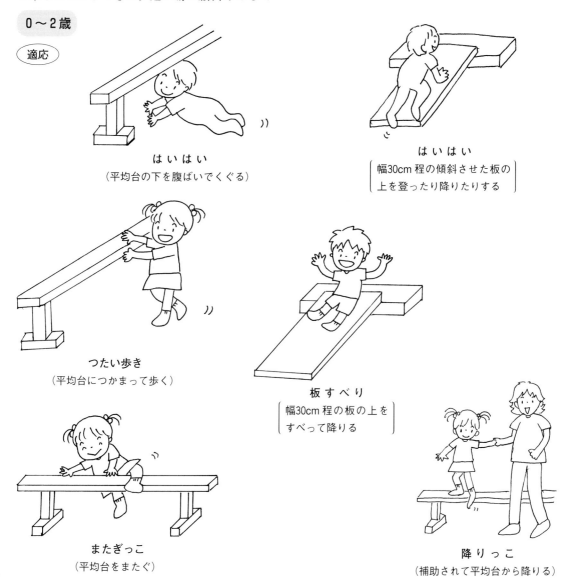

は い は い
（平均台の下を腹ばいでくぐる）

は い は い
幅30cm 程の傾斜させた板の上を登ったり降りたりする

つたい歩き
（平均台につかまって歩く）

板 す べ り
幅30cm 程の板の上をすべって降りる

またぎっこ
（平均台をまたぐ）

降 り っ こ
（補助されて平均台から降りる）

《保育者のかかわりと援助》
◎平均台の上に登るときは，すべらない靴か裸足でするとよい。
◎平均台の両側にマットを敷くなど，安全面に留意する。
◎押したり，後ろからせかしたりしないよう，子どもたちに知らせ，必要に応じて補助をする。

3・4歳

適応

座って前進

> 平均台にまたいで座り，手と足
> を使ってお尻をうかせ前に進む

シーソー

> 平均台を逆さにして，跳び箱
> の上に置き，揺らして遊ぶ

> 横向きで歩けるように，保育
> 者が両手をとって補助する

横　歩　き

（1人で平均台を横に歩く）

> 前向きで歩けるように，保育
> 者が両手をとって補助する

一　本　橋

（1人で平均台を前向きに歩く）

《保育者のかかわりと援助》
◎怖がる子や経験の少ない子どもには保育者がそばについて，補助したり言葉がけをする。
◎子どもがせかされることのないように，十分に空間をとる。
◎平均台の下にマットを敷くなど，安全に留意する。

5・6歳

適応

カ ニ 歩 き
（両手両足で横に歩く）

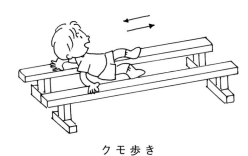

ク モ 歩 き
[2本の平均台を使って，仰向けになって横に歩いたり前に歩いたりする]

友だちと一緒に
（友だちと手をつないで，平均台の上を歩く）

ジグザグ歩き
（2本の平均台を交互に歩く）

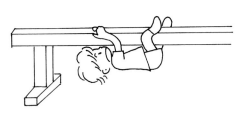

おさるさん

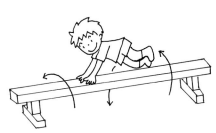

ジグザグ跳び

すれ違い

陣とりジャンケン

4）大 型 積 木

積木は造形遊びやごっこ遊びに利用されているが，運動遊びにも大いに活用できる。積木の上に乗ったり座ったり，障害物やトンネル，隠れ家，秘密基地にするなど，友だちと一緒に運んだり積んだりして，構成遊びやごっこ遊びができる。最近は，ソフトブロックや変形マットのような木製以外の素材で作られているものもある。

保育者に支えられ
て積木の上に立つ

保育者に補助されて積木
に登ったり降りたりする

積木の上を腹ばいで進む

積木で作ったトンネルを
倒さないようにくぐる

積木の周りを倒さないように腹ばいで進む

1列に並べた積木の上を歩いて渡る

《保育者のかかわりと援助》
◎木製の場合は角を丸く削っておいたり，とげに注意して点検する。
◎投げたり，ぶつけたりしないように子どもたちと約束をしておく。
◎いろいろな色や形，大きさのものを用意するとよい。
◎置き場所を決めて，子どもたちが出したり片付けができるようにする。

3・4歳

適応

島　渡　り

またぎっこ

世 界 一 周
> 積木に両手を乗せて足を
> 伸ばして周りを一周する

バランスくずし
> 積木の上に２人で乗り，
> 手の平を合わせて相手の
> バランスをくずす

そ〜っとジャンプ
> 重ねた積木がずれないよ
> うに，そっと跳び降りる

操作

車 ご っ こ
（友だちが乗った積木を押して進む）

5・6歳

操作

高〜いビル
［積木を友だちと一緒に高く積み上げる
自分の背丈より高く積もう］

長〜い橋
［積木を友だちと一緒に長くつ
なげる。道に見立ててもよい］

適応

たか鬼
（積木を使って，たか鬼で遊ぶ）

満員電車
［1個の積木にできるだ
け多くの友だちと乗る］

操作

積木渡し
［積木に乗って，もう1個の積木を前に置
きその積木に乗って進むことを繰り返す］

基地づくり
（友だちと一緒に，基地を作って遊ぶ）

《保育者のかかわりと援助》
◎高く積んで遊ぶ場合は，安全に留意する。
◎定期的に積木の安全点検をする。
◎いろいろな色，形，大きさの積木を準備し，子どもが工夫して遊べるようにする。

5）はしご・巧技台

　はしごは，くぐる，渡る，ぶらさがるという運動ができ，柔軟性や平衡感覚を養うことができる。巧技台は，箱，はしご，一本橋，すべり台，鉄棒など自由に組み合わせて設置すること

ができる。様々な遊具を組み合わせる場合は，安全を考えて固定しなければならないが，巧技台ははめ込み式のためずれる心配がない。また，子ども同士で好きなように高さや組み合わせを変えて，楽しく遊ぶことができる。

3・4歳

適応

くぐり抜け

は い 渡 り

立 ち 渡 り

またぎっこ

跳 び 越 し

カ ニ 渡 り

5・6歳

適応

登 り 降 り
はしごに巧技台などで傾斜をつ
けて，登ったり降りたりする

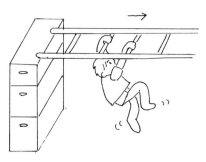

ぶら下がり渡り

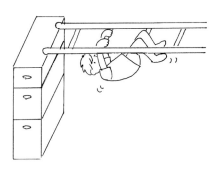

手足ぶら下がり渡り

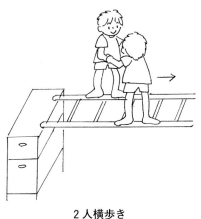

2人横歩き
2人で手を取ったり肩に
手を置いて横に移動する

操作

はしごジャンケン
（端からジャンケンをして，勝ったら1つ進む）

お み こ し
（みんなで運ぶ）

《保育者のかかわりと援助》
◎はしごはしっかりと固定し，マットを敷くなどして安全に留意する。
◎年齢に応じて，はしごの置き方や高さを変える。

（３）固定遊具を使った遊び

固定遊具には，もともとそれらの遊具・施設が幼児の運動遊びを目標として意図的・人為的につくられたジャングルジムやすべり台などの直接的な固定遊具と，本来運動遊び以外の使用目的でつくられているが，幼児によって運動遊びに利用される可能性をもつ樹木や藤棚などの間接的な固定遊具がある。いずれも立体的な構造をもち，運動遊びに必要な空間をつくりだし，多様な移動運動や平行運動を楽しむことが

できる。ここでは直接的な固定遊具の遊びを紹介するが，間接的な固定遊具の遊びについては，安全に注意しながら子どもの興味や関心を十分受け入れた適切な保育者の援助の下で，遊びが展開されることが望まれる。

１）すべり台

子どもは高い所に登るのが大好きである。高さと斜面とを兼ね備えたすべり台の遊びは，スピード感やスリルを味わうことができ，１歳頃から楽しめる。

0～2歳

適応

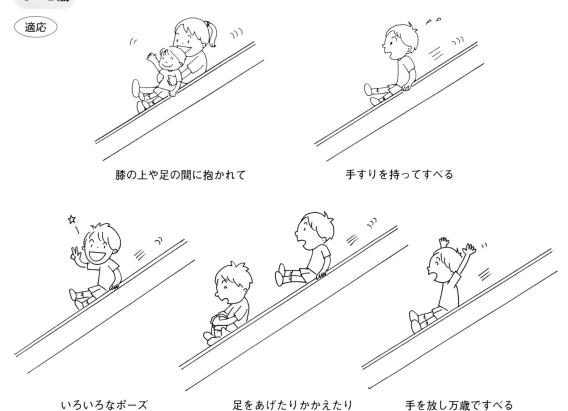

膝の上や足の間に抱かれて　　　手すりを持ってすべる

いろいろなポーズ　　　足をあげたりかかえたり　　　手を放し万歳ですべる

《保育者のかかわりと援助》
◎最初保育者が抱いて楽しい雰囲気ですべることから始めるとよい。
◎スピード感や不安定な状態の遊びを経験することが，その後の運動遊びへの積極性へとつながるので，徐々に高さや勾配を変えながら遊びへと誘う。

3・4歳

適応

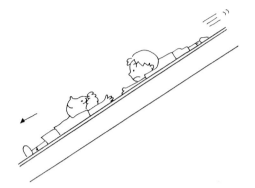

仰向けですべる，うつ伏せですべる

連なってすべる
（2〜3人一列に並んですべる）

保育者の腕のトンネルをくぐる

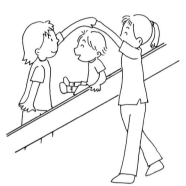

アーチをくぐる

5・6歳

適応

斜面を手すりを持って登る

斜面をかけあがる

斜面をかけ降りる

《保育者のかかわりと援助》
◎スピード感やスリルに慣れてくると，保育者の腕のトンネルをくぐるなど安全に配慮しながらいろいろな方法ですべることに誘う。
◎上からただすべり降りるだけではなく，いろいろな遊び方が工夫できるようにする。
◎子どもはスピード感を満足に楽しむとともに，すべり降りるだけではなくいろいろな遊び方を発見する。保育者はその場に合ったルールを考えて安全に気を付け，遊びを展開させ援助する。

2）登 り 棒

登り棒は高い所へ登りたいという欲求を満足させる遊具である。登る，ぶら下がる遊びを通して握力，腕力，腹筋，脚力など身体全体の筋力の発達を促すとともに協応性，巧緻性，空間認知能力などを養う。また精神的に粘り強さや克己心も養われる。他の固定遊具に比べ子どもが自発的に取り組みにくいものであるため，保育者の積極的な遊びへの働きかけが大切である。

3・4歳

適応

棒につかまって，その周りを回る

支えられてしがみつく

全身でしがみつく

片手を放すなどポーズをとる

保育者の援助で登る

《保育者のかかわりと援助》
◎子どもがなじみにくい遊具なので，最初は棒を握ってグルグル回る遊びから誘うとよい。
◎しがみつく遊びは，初め全身の力の入れ方がわからない場合が多いので，保育者が必ず全身を支えたり力を入れる身体の部位を触るなどして遊びに誘うとよい。
◎うまくいかない子どもには，裸足で経験させるとよい。
◎１本の棒に２人は登らないように伝える。
◎両足でしっかりはさめない子どもには，保育者が尻を支えストッパーになり，言葉で次の動きを知らせるなどていねいな援助をすることが大切である。

5・6歳

適応

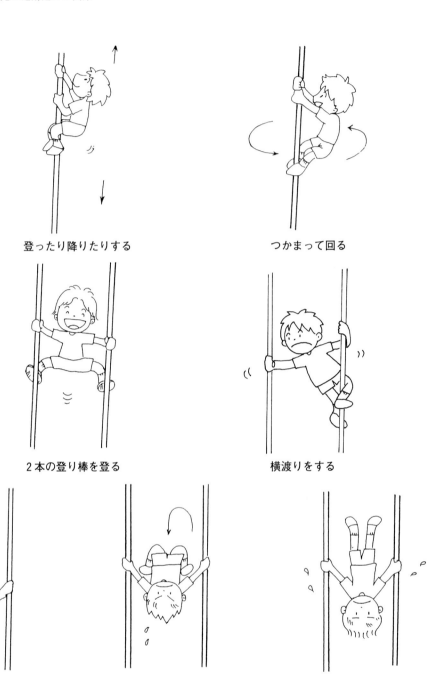

登ったり降りたりする　　　　　　つかまって回る

2本の登り棒を登る　　　　　　横渡りをする

けんすい前回り　　　　けんすい後ろ回り　　　　けんすい逆立ち

《保育者のかかわりと援助》
◎回る遊びに発展した場合は，握っている手を押さえるなどして回転の援助をする。
◎回ったあと手を放すのが早すぎないように注意させる。
◎初めての子は降りる速度がわからないので，支えてスピードを加減する。

3）ぶらんこ

ぶらんこは子どもが最も好きな遊具である。空中に身体を放り出すようなスリル感を味わうとともに，ふりこのようなリズム感を楽しみ情緒を安定することができ，平衡性やリズム感，空間認知能力などが養われる。子どもの自由な発想でいろいろな動きが経験できる。低年齢の時からその形や材質に配慮して楽しませたい遊具の１つである。

抱っこされて乗る

揺すってもらう

１人で座りぶらんここぎ

横揺すり

立って横揺すり

お腹で乗る

《保育者のかかわりと援助》

◎１・２歳児は，保育者が抱いてリズミカルな揺れやスキンシップを楽しませるとよい。

◎ぶらんこの揺れに合った保育者のリズミカルな語りかけや歌は，より一層子どもの精神的な安定をもたらす。

◎１人で座りこぎ始めるとき，最初の推進力は保育者が押して振りをつけ励ますとよい。

◎３歳頃になると，自分でいろいろな乗り方を発見する。保育者は周りの安全に注意を払いながら，いろいろな遊びを経験させるとよい。

◎子どもの自由な活動だけに任せないで，綱の持ち方，順番の待ち方，ぶらんこの振り返しのときなど安全面の援助に十分注意を払う。

5・6歳

適応

立ちこぎ　　　　　　　　　跳び出し降り

操作

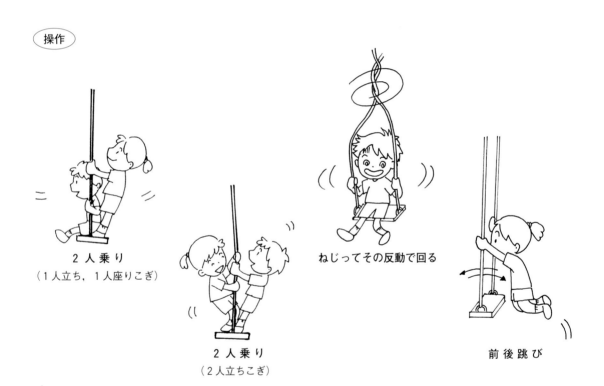

2 人 乗 り
（1 人立ち，1 人座りこぎ）

2 人 乗 り
（2 人立ちこぎ）

ねじってその反動で回る

前 後 跳 び

《保育者のかかわりと援助》
◎子どもは遊具の状態や形態に応じていろいろな遊びを発見する。安全面に注意を払いながら，子どもの
　発見や工夫が十分生かされるよう援助したい。
◎配置にはぶらんこの揺れる幅を考慮し十分な間隔を取る。
◎年長児と年少児に分けて配置しておくと，年少児も活発に活動でき安全性も高い。

4）太鼓橋・うんてい

太鼓橋・うんていは登ったりぶら下がったりしながら高さに慣れて遊ぶ遊具である。子どもは屋外でのびのびと遊具に触ったりぶら下がったり跳びついたりしながら，遊びの空間を広げる。

0〜2歳

適応

にぎって遊ぶ

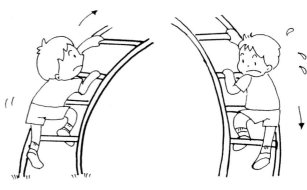

登り降り

3・4歳

適応

支えられてぶら下がる　　　　ぶら下がり

跳びつき

《保育者のかかわりと援助》
◎保育者の補助で屋外でのびのびと遊具にさわったり，ぶら下がったり，跳びついたりする経験は，積極的にその遊具を使って遊びたいという子どもの意欲を育てることにつながる。
◎雨や霧で濡れた場合は，必ず拭いて使用するなど安全面に注意を払う。
◎この時期はまだ筋力も弱く，高さに対して怖がる子どももおり，決して無理強いをしない。
◎くぐったりぶら下がったりは，能力に応じた簡単なやり方から始めるとよい。

5・6歳

適応

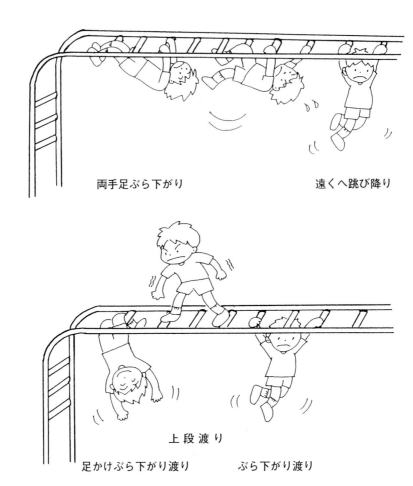

両手足ぶら下がり　　　　　　　　遠くへ跳び降り

上段渡り

足かけぶら下がり渡り　　　ぶら下がり渡り

足抜き回り

からだ抜き

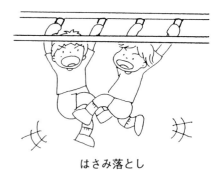

はさみ落とし

《保育者のかかわりと援助》
◎移動する運動は，はじめ保育者が支えて移動させ，テンポやタイミング，身体の振り方などを覚えさせるとよい。
◎渡れた距離を，ひもやテープなどで印をつけると励みになる。
◎慣れてくると動作が雑になるが，ふざけたり友だちを引っ張ったりしないように注意する。

5）ジャングルジム

　ジャングルジムは小山のように高さがあり，複雑なように見えるがどっしりとした安定感があり親しみがもてる。登ったり，降りたり，ぶら下がったり，くぐり抜けたり，複雑な動きの組合わせで遊ぶことができ，動く楽しさが感じられ，高さや空間認知につながる。

2・3歳

適応

トンネル遊び

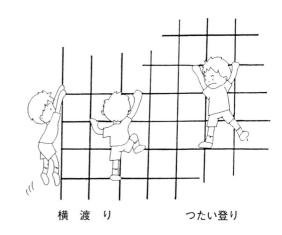

横　渡　り　　　つたい登り

4〜6歳

適応

上段渡り

足かけぶら下がり

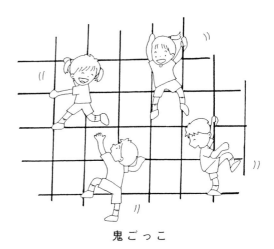

鬼ごっこ

《保育者のかかわりと援助》
◎興味や関心を引くジャングルジムでの遊びを通して，戸外で思い切り身体を動かし，活動する充実感や満足感を味わわせるとよい。
◎高い所に登るのを怖がる子には，急がずに確実に1段1段登れるように援助する。
◎通園バッグや長いひもをかけて登らないように注意する。
◎子どもの服装が引っかかりやすいデザインでないか注意を払う。
◎高い所に登って，友だち同士押したり，引っ張ったりしないように注意する。
◎慣れてくると鬼ごっこやジャンケンゲームなどいろいろな遊びが展開できる。

6）鉄　　棒

鉄棒は単純な形をした遊具であるが，遊んでいるうちに気力や自信，粘り強さなどを養い，懸垂力や平衡感覚が身に付き，全身的なコントロールを高めることができる。また子どもは歩き始めると次にぶら下がることへの意欲がみられるため，室内用の低い鉄棒などは早い時期から用意したい遊具である。

1〜2歳

適応

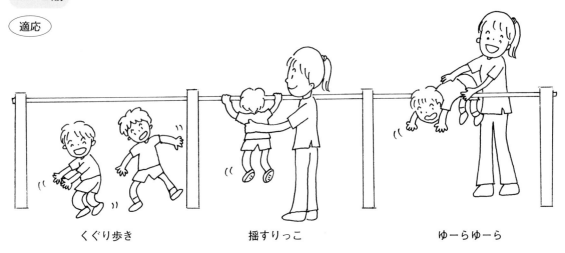

くぐり歩き　　　　揺すりっこ　　　　ゆーらゆーら

3・4歳

適応

ぶたのまるやき　　　ぶら下がり　　　　足ずもう

《保育者のかかわりと援助》
◎この年齢では鉄棒の下にマットを敷くことが好ましい。
◎鉄棒の下をくぐったり支柱を持ってグルグル回ったりして，鉄棒に慣れ親しむ機会を多くもちたい。
◎握り方は，子どもの一番やりやすい方法にして，しっかり握らせる。
◎動物や乗り物を模倣することで，楽しく遊ぶ機会を多くもちたい。
◎保育者の適切な援助で，無理することなくできるようになる喜びを味わわせる。

5・6歳

適応

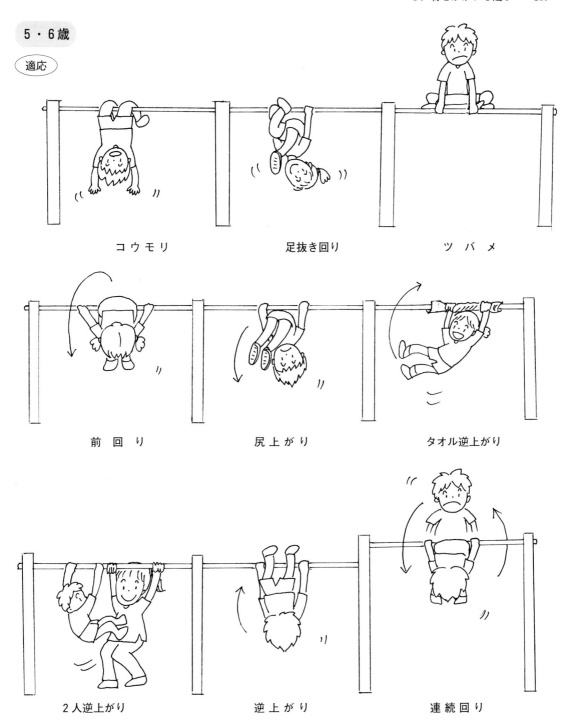

コウモリ　　　　　　足抜き回り　　　　　　ツ　バ　メ

前　回　り　　　　　　尻　上　が　り　　　　　　タオル逆上がり

2人逆上がり　　　　　逆　上　が　り　　　　　　連　続　回　り

《保育者のかかわりと援助》
◎運動への興味を養うには，新しい運動に対するためらいや恐怖心を取り除き，個人差を把握し，一人ひ
　とりに合った適切な援助をすることが望まれる。

（4）素材遊び

　素材とは，本来，運動遊具や用具として作られた物ではなく，生活用具や廃品としてでてきた物を指す。例えば，シーツや風呂敷，ハンカチ，タオル，クッション，靴，輪ゴム，テープなどの生活用品，新聞紙，ダンボール，ペットボトル，空き缶といった廃材などである。これらの素材を利用して運動遊具や用具として運動遊びに応用した遊びが素材遊びである。

　子どもは，元来，何でも遊具にして遊ぶ。たとえ，既製の遊具がなくても身近な物を見つけて，遊具として遊びの中に取り込んでいく。中でも，素材は，可塑性に富み，自由に変化をつけることができ，取扱いが子どもにも容易であるところから，遊具として用いられることが多い。子どもの自由な発想によって様々なものに変化させることができる素材は，自発的な遊びを発展させる。

　特に，廃材は通常では捨てられてしまう不用品であるため，切ったり，曲げたり，丸めたり，貼ったりと自由に変化させることが許される素材である。したがって，ハサミやカッターが使える年齢になったら，子どもたちの製作活動にも活用できる。捨てられることの多い素材を自分たちの手で楽しい遊具に変えて遊ぶことによって，他にも身近な素材で遊びを発見することができるようになる。

　身近な素材を扱う中で，物の性質や数量，文字などに対する感覚を豊かにし，物に対する興味，関心，愛着がわき，環境へのかかわりが生まれてくる。また，身近な素材を使って遊びを工夫する活動は，知的好奇心や探索欲求を満足させ，イメージをふくらませ，子どもの表現能力を豊かにする。さらに，遊ぶために道具を作ったり，遊びを創意工夫することで，動きが獲得され，運動能力の発達を促す。そして動きの獲得は，さらにダイナミックな動きへと発達させることが可能になり，進んで運動しようとする意欲を育てることにつながる。素材遊びは，乳幼児期に大切な様々な能力を育てるのに，たいへん重要である。

　このようなことから，子どもには様々な素材とかかわらせ，素材遊びを十分体験させたい。そのためには，いつも子どもたちの身の回りに様々な素材を十分に用意し，素材遊びができる環境をつくっておくことが大切である。

1）新　聞　紙

　紙は私たちの周りにたくさんある手軽な素材である。特に，新聞紙は一度役割を終えると無料で手に入り，すぐに使える素材である。ゆえに，新聞紙は運動遊びの材料として使用することが多い。

　新聞紙は，手に持って振ったり，揺すったりして素材の音を楽しむこともでき，床に置いてその上に座ったり，歩いたり，跳び越したりするなど，そのままの形で運動遊びに使うこともできる。また，丸めてボールを作ったり，筒状にして棒を作ったりすることで小型遊具同様に使うこともできる。さらに簡単に破ることができるので，破って形を変えて運動遊びに応用することもできる。丸める，ちぎる，折る，切る，貼る，破る，曲げる，飛ばすなど紙の特質を利用して，子どもの発達段階に応じた運動遊びが可能である。

0〜2歳

適応

乗せてはいはい

新聞紙をくぐろう

丸めてトンネルくぐり

操作

ちぎった新聞紙のプールで遊ぶ

新聞紙のゆきやこんこん

《保育者のかかわりと援助》
◎発達段階に応じて，新聞紙を破る，つかむ，ちぎる，丸めるなどの活動を適宜入れ，これらの活動を通して手指の機能の発達を促す。
◎身近なものを利用することで，物とのかかわり方や利用する方法を提示し，身の回りに興味をもたせるようにする。
◎新聞紙で遊んだ後は，手や足をよく洗うようにする。

3・4歳

適応

跳び越し　　じょうずにバランス　　破らないようにくぐろう

操作

じょうずに運ぼう　　新聞紙飛ばし　　電車ごっこ

パンチで破れ　　キックで破れ　　新聞紙刀で破れ

丸めてボールを作る

足でうまく破ろう　　ここまで届くかな？

新聞紙ボールを投げる　　新聞紙ボールの手渡し　　新聞紙の棒とボールでゴルフ

《保育者のかかわりと援助》
◎発達段階に応じて活動を選択し，2人組など始めは子どもと保育者が組になって行うようにするとよい。
◎うまくできない子どもには，あせらせず適切に言葉がけや支援をし，1人でできるように援助する。

5・6歳

操作

新聞紙に乗って歩く

ボール運び

丸めて棒にしてチャンバラ

バットとボールを作って野球

新聞紙ボールで
キャッチボール

新聞紙やり投げ

的　当　て

遠くから投げてうまく乗せよう

新聞紙ボールの玉入れ

いくつ乗せられるかな

《保育者のかかわりと援助》
◎集団に入れなかった子どもにも，じょうず，へたに関係なく活動に参加できるように言葉をかけたり，援助をする。
◎子どもは新聞遊びを楽しみながらそれぞれに工夫して遊ぶようになるので，保育者はその一つ一つに注目し，さらに遊びを発展できるよう援助する。
◎個の遊びから少しずつ構成遊びや集団遊びへと発展できるよう援助する。
◎集団遊びの中では，役割分担を明確にし，子どもたちがいろいろな役割を担えるようにルールを設けて，考えた遊びに発展するように援助する。

2）ダンボール

　ダンボールは私たちの周りにたくさんあり，用途も広い素材である。適度な強度があるので，押す，引く，箱の状態で積み重ねる，中に入って遊ぶなどが可能である。また，いろいろな道具に加工することもできるので，子どもたちの運動遊びの道具として利用しやすい。ハサミやカッターが使える年齢になったら，子どもたちの製作活動にも使える。このようなことから，素材遊具の中で最も子どもたちの興味を引きやすい素材である。

　室内はもとより，屋外でも使うことができ，自然を利用した積極的な遊びの展開にも適している。

　なお，ダンボールは箱の状態で使ったり，加工して使ったりするだけでなく，板状（箱を開いた状態）でも運動遊びの道具として使用することもできる。板状にすることで様々なダンボールの操作動作とともに適応の動作も出現し，多様な身体の動きの出現が期待できる[2]（図 3 - 1 ）。

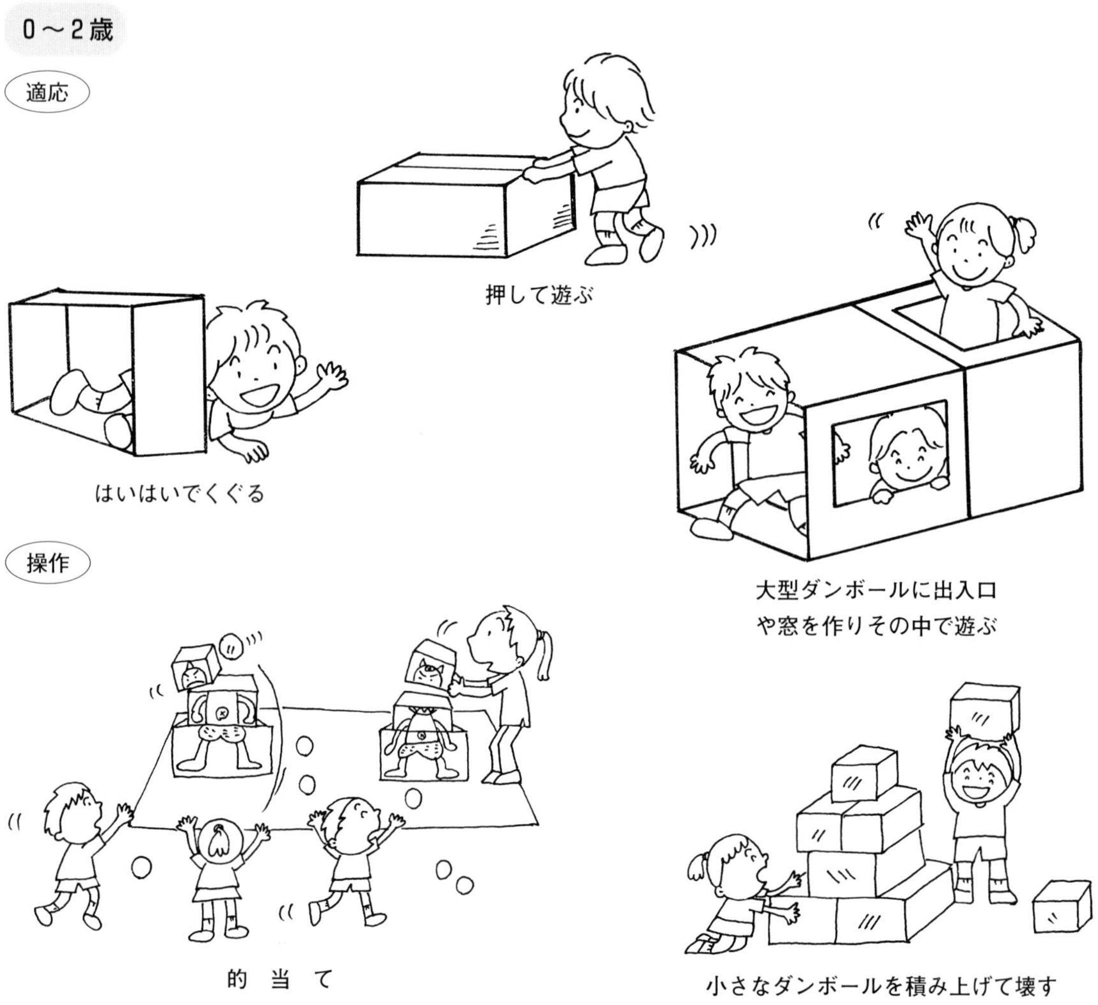

0〜2歳

適応

押して遊ぶ

はいはいでくぐる

大型ダンボールに出入口
や窓を作りその中で遊ぶ

操作

的　当　て

小さなダンボールを積み上げて壊す

2 ）瀧信子・矢野咲子・怡土ゆき絵・青木理子・小川鮎子・小松恵理子・高原和子「5 歳児の多様な運動経験に繋がる自発的なダンボール遊びの有用性」福岡こども短期大学研究紀要．28, 19 - 27, 2017

3・4歳

操作

鬼　退　治

キャタピラ

タ ク シ ー

ボブスレー

電車ごっこ

かくれんぼ

ダンボールの積木で基地づくり

0〜2歳《保育者のかかわりと援助》
◎子どもの体格に合わせてダンボールの大きさを選ぶ。
◎ダンボールに色を塗ったり色紙や布を貼ったり，または絵を描いたりして，子どもの興味を引くような
　工夫をする。
◎ダンボールの切り口にはテープなどを貼り，子どもが活動する中でケガをしないよう配慮する。
◎保育者も子どもと一緒に活動の中に入るようにする。

3・4歳《保育者のかかわりと援助》
◎うまくできない場合でもあせらせないで，適切に言葉がけや支援をし，1人でできるように援助する。
◎ボブスレーで怖がる場合などは，はじめ保育者が一緒に乗って行い，遊びに誘うようにするとよい。
◎数人で行う遊びや数に限りのあるものを使う場合は，交代して遊ぶようにルールを決めて遊ぶよう援助
　する。
◎大きなダンボールを用意し，少しずつダイナミックな動きを引き出すよう援助する。

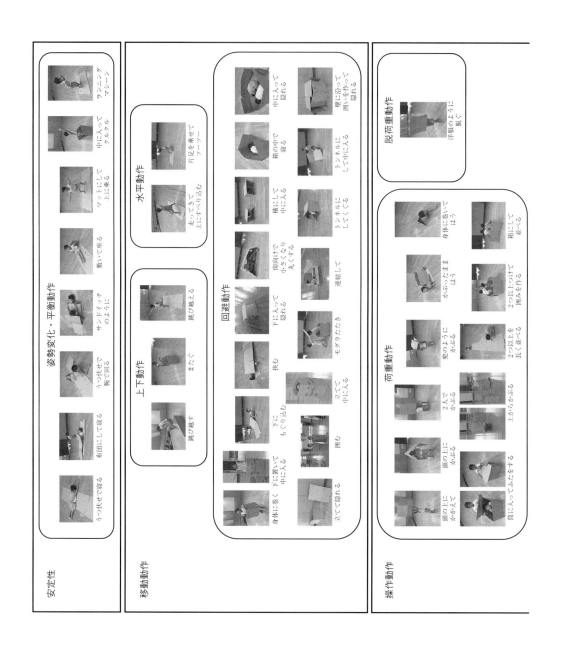

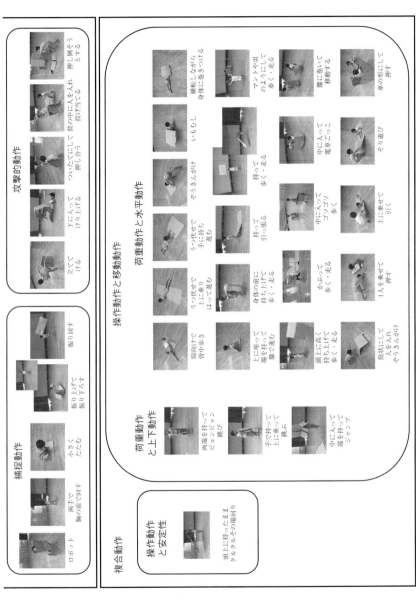

図3-1　板状のダンボールを使った様々な遊び（動作の分類別）（瀧 信子，2017[2]）

5・6歳

操作

ゲートボール

テニスのラケットを作って遊ぶ

にげろにげろ
（ボールあて鬼ごっこ）

ダンボールのゴールと風船
を使ったバスケットボール

《保育者のかかわりと援助》
◎いろいろな遊び道具に加工し，工夫する能力を援助する。
◎作ることと遊ぶことを十分楽しめるように援助する。また，子どもたちの創意工夫を促し，考えたり，
　作ったりする時間を十分とるようにする。
◎加工する場合には，ハサミやカッターでケガをしないよう十分注意する。
◎集団遊びでは，役割分担を明確にし，子どもたちに役割を理解させ，ルールを設けて，考えた遊びに発
　展するように援助する。
◎集団に入れなかった子どもにも，活動に参加できるように言葉をかけたり，援助したりする。

3）ペットボトル・空き缶

　近年，ペットボトルを使用した飲み物が増え，簡単に手に入る素材となった。空き缶もまた同様に容易に手に入る素材である。ペットボトルや空き缶は，軽いので小さな子どもでも扱いやすく，身近な遊具になりやすい。また，ペットボトルや空き缶が軽くて安定性に欠ける場合などは，中に砂や水を入れて，安定させる

ことができ，ペットボトルはふたを閉めることができるため，中のものがこぼれることもなく便利である。さらに，中に入れるものを工夫すれば，その音も楽しむことができる。積み上げたり，転がしたり，手に持って振ったり，打ったりなど様々な遊具や道具にして楽しむことができ，子どもの発達段階に応じた運動遊びが可能である。

0〜2歳

適応　　　　　　　　　　　　操作

ボーリング　　　　転がして遊ぶ　　　缶をたたいて音と感触を楽しむ

どれだけ持てるかな？　いくつ積めるかな？　空き缶くずし

《保育者のかかわりと援助》

◎発達段階に応じて，置く，重ねる，積み上げる，振るなどの手指を使った活動を適宜入れ，これらの活動を通して手指の機能の発達や，手と目の協応動作の発達などを促す。

◎ペットボトルや空き缶の切り口で手指を切らないように，テープを貼ったり，厚紙で補修する。

◎ペットボトル，空き缶は中の飲み物が残らないように，十分すすいで乾かしたものを準備する。

3・4歳

適応

割り箸入れ競争

何本倒せるかな？（中に水や砂を入れて）

ペットボトルの中に水や砂を入れてゴムひもでコートを作る

操作

空き缶ころがし競争　　　　　け　ん　玉　　　　ペットボトルに水を入れて地面に絵を描いて遊ぶ

《保育者のかかわりと援助》
◎ペットボトルの中に入れる水や砂の量は，そのときの使い方に応じて重さを変え，転がり方を楽しむように工夫する。また，水は着色して，色を楽しむ工夫を加えるとよい。
◎ペットボトルの中に水や砂を入れる場合は，ふたをしっかり閉めて，中のものがこぼれでないようにする。
◎空き缶の口でケガをしないように，テープなどを貼る。

5・6歳

適応

輪投げ遊び

的　当　て

操作

（前　歩　き）　　（横　歩　き）　　（小また歩き）　　（大また歩き）

缶ぽっくり

足を使って空き缶立て

ペットボトルのバットで野球

《保育者のかかわりと援助》
◎ペットボトルや空き缶の大きさや中に入れる水や砂の量は，そのときの使い方に応じて変える。
◎作ることと遊ぶことを十分楽しめるように援助し，いろいろな遊び道具に加工し，工夫する能力を育てる。
◎子どもたちの創意工夫を促し，考えたり，作ったりする時間を十分とるようにする。
◎空き缶を加工するときは，切り口でケガをしないように十分注意する。

4）テープ（紙・スズラン・ひも）

　運動遊びに利用できるテープの種類は，紙製のもの，スズランテープ，ひも状のものなどがある。

　紙製のテープは保育の様々な場面で利用する素材である。その紙テープを運動遊びにも利用してみる。紙テープは切れやすいが，その切れやすさを利用して運動遊びに使うのもよい。切れないようにするにはどうしたらよいか，うま

く扱うためにはどうしたらよいかなど，動き方を工夫することが運動発達を促すことに有効となる。

　スズランテープは，荷造りなどに利用するひもとして手近にあるものである。薄くて軽く，縦方向に切れやすいという特徴をもっており，保育現場では，ポンポン作りに使用することが多い。この特徴を利用して，運動遊びにも利用してみる。

0〜2歳

適応

スズランテープをつかもう
テラスの柵にスズランテープを結びつけ，風に揺れるスズランテープをつかむ遊び。揺れ方を変え，つかみ方に変化をもたせ，身体の使い方の多様性を引き出すために，長さの違うテープにしてみる

操作

ポンポンを振って遊ぼう

しっぽとりゲーム
スズランテープやひもでしっぽを作る。しっぽをつけた保育者はしっぽを取られないように逃げ，子どもたちはそのしっぽを取ろうと追いかける。逃げる・追うという役割をすることは，遊びのルールを理解する第一歩となる。逃げる・追うルールが理解できる年齢になったら，子ども同士で行うゲームに発展させる

《保育者のかかわりと援助》
◎うまくつかめたり，子どもの目的が達成できたときは，保育者も一緒に共感し，子どもの有能感を育むようにする。
◎この年齢での鬼ごっこは，保育者が中心になって鬼をやるようにし，走る能力に個人差のある子どもをコントロールする。
◎走り方が未熟なこの時期の子どもたちは，ぶつかったり，転んだりすることが多いので，場所の安全を十分確認する。

3・4歳

適応

紙テープ跳び　　　　　　　　　　　　　　　　　　　　紙テープつかみ

操作

しっぽ切り

紙テープを腰に巻いて，しっぽのように垂らす。一定の範囲内で，互いのしっぽを足で踏んで切るゲーム

腰で前進

紙テープを互いの腰に結びつけ，紙テープが切れないように互いに協力し合って走る

紙テープ走り

紙テープの両端を2人で持って，紙テープが切れないように走る

5・6歳

適応

操作

足レイかけ運び

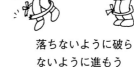

紙テープ跳び

紙テープを膝の高さにピンとはり，テープのハードルを作る。それらの紙テープハードルを切らないように，両足または片足で跳び越していく

落ちないように破らないように進もう

両膝が通るくらいに紙テープを結んで輪を作る。その輪を両足膝までとおし，その輪が下に落ちないように前へ進む

《保育者のかかわりと援助》

◎発達段階に応じて，難しい条件をつけたりして運動に興味をもたせるように工夫する。

◎2人組などの場合は，はじめは保育者と組んで行い，徐々に子ども同士で行えるように援助していく。2人で協力するという体験を少しずつ増やしていく。

◎テープは簡単に破れたり，ちぎれたりして，ゴミがでやすい。最後の後片付けをゲーム仕立てにして，後片付けの大切さを子どもたちに伝える工夫をする。

5）布

布製のものは身近に多く，ハンカチ，タオル，手ぬぐい，風呂敷，リボン，包帯，シーツ，毛布，ふとんなどがある。

布は，柔らかくいろいろな形に変えることが

でき，その上，丈夫であるという特徴をもっている。また，子どもたちが取り扱うのに手軽で，危険性が少ない。これらの特徴を生かして運動遊びに利用してみる。

0～2歳

適応

大きなシーツに，もぐって遊ぶ

ゆらゆらハンモック

そり遊び

操作

ふわぁ〜っ

シーツのバルーン

シーツの端をみんなで持って，バルーンを作って遊ぶ

わっしょい　わっしょい

いない　いない

ねんね〜

そーっと

タオルでポーン

バスタオルの上にぬいぐるみなどを乗せ，バスタオルを動かすことで乗せたぬいぐるみが様々な動きをする。その動きを楽しみながら，タオルを握る手の動きを変えていく遊び

《保育者のかかわりと援助》
◎年齢や体格，発達段階に応じて，使う布の種類や大きさを選ぶ。
◎しっかりつかむことを，まず伝える。
◎怖がったり緊張する子どもには，リラックスするような言葉をかけたり，動作も小さな動きから始める。
◎大きな布を使う場合などは，空間に十分な余裕をもって安全に配慮しながら行う。

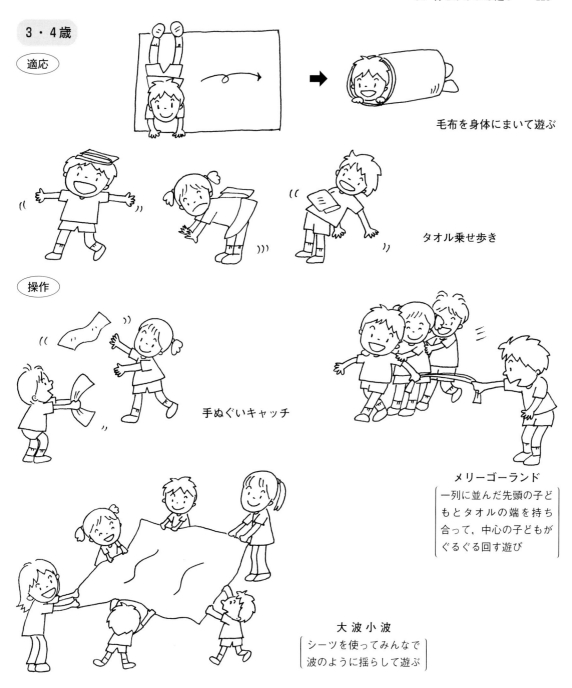

3・4歳

適応

毛布を身体にまいて遊ぶ

タオル乗せ歩き

操作

手ぬぐいキャッチ

メリーゴーランド

［一列に並んだ先頭の子ど
もとタオルの端を持ち
合って，中心の子どもが
ぐるぐる回す遊び］

大 波 小 波

［シーツを使ってみんなで
波のように揺らして遊ぶ］

《保育者のかかわりと援助》
◎年齢や体格，発達段階に応じて，使う布の大きさや種類を選ぶ。
◎布をつかむ遊びの場合は，まずしっかりとつかむことを伝える。
◎集団遊びでは，自分の役割を認識するように促し，考えた遊びに発展するように援助する。
◎大きな布を使う場合などは，空間に十分な余裕をもって，安全に配慮しながら行う。

5・6歳

適応

タオルハードル　　　　落ちないように走る　　　　とどくようにジャンプ

操作

タオル抜け

タオルで遊ぼう
> タオルなどをひもにかけ，
> 離れた場所からスタートし
> て早く取り合う遊び

引っ張りっこ　　　　シーソー

人間運び

ひっくりかえり
> タオルを使って
> 2人組で遊ぶ

ハンカチ取り
（ジャンケンしてハンカチを取り合う遊び）

《保育者のかかわりと援助》
◎遊びによって使う布を選び，体格や発達段階に応じて使う布の大きさを選ぶ。
◎2人であるいは数人で行う遊びでは，保育者が援助しながら協力して遊ぶように促していく。また，ふ
　ざけて遊ばないように決まりを設けるのもよい。
◎役割分担を明確にし，交代してみんなで楽しく遊ぶように援助する。
◎空間に十分な余裕をもって，安全に配慮しながら行う。

6）ゴム・タイヤ

ゴムは弾力性があり，他の素材にない特徴をもっている。この特徴を生かして運動遊びに利用する。

輪ゴムは日用品として手に入りやすい素材であり，長くつなげることで，いろいろな遊びに発展させることができる。また，ゴムチューブなども利用しやすい。

一方，古タイヤも運動遊びに利用しやすい素材である。保育現場では固定遊具として使用されていることも多い。

保育者と手をつなぎタイヤの周りを歩く

1人でタイヤの周りを歩く

タイヤにまたがって歩く

タイヤの上に乗ったり，タイヤとタイヤを渡ったりする

《保育者のかかわりと援助》
◎タイヤは主にバランスをとる遊びであるが，最初は保育者が身体を支えたり，手をつないだりして補助しながら行う。
◎タイヤは十分洗い流して，汚れがないようにする。
◎運動遊びをする前に，タイヤに自由にふれさせて，タイヤという素材に子どもが慣れてから始める。

3・4歳

適応

タイヤ登り

輪ゴムをつないだ長ゴムなわを
作り，ゴム跳びをして遊ぶ

長ゴムなわを人が持っ
たり，木にくくりつけ
たりしていろいろな高
さにし，跳んだり，く
ぐったりする

高いタイヤから低い
タイヤへ跳び移る

高く積んだタイヤの
上でバランスをとる

タイヤとタイヤを跳んで渡る

操作

タイヤ転がし

ゴムチューブを足にかけ，引いて起きあがる

《保育者のかかわりと援助》
◎タイヤは重く固定しやすいが，タイヤに乗ったりして遊ぶ場合には，安全性を考えて動かないように固
　定する工夫をする。
◎タイヤは弾力性がありバランスをとるのが難しいため，バランスをうまくとれるようになるまでは，保
　育者が身体を支えたり，手をつないだりして補助しながら行う。

5・6歳

適応

両足跳びまたはケン
ケンでタイヤを渡る

ジグザグ，または
グーパーで跳び渡る

タイヤの上に乗り，
押し相撲をする

タイヤ跳び越し

固定したタイヤの間を行ったり来たりする

タイヤを利用して逆立ちをする

操作

タイヤを押してリレー競争

タイヤ引き

小さめのタイヤを使い，2人組で持ち運びをする

タイヤを転がし，受け止めたり返したりする

《保育者のかかわりと援助》
◎タイヤの跳び越しなどは，はじめ，保育者が補助をし，1人でできるように援助しながら行う。
◎タイヤを引いたり，持ったりする遊びでは，子どもの体格や筋力に合わせてタイヤの大きさや重さを選
　ぶようにする。
◎タイヤを転がして遊ぶ場合は，十分に広い場所で，安全に配慮して実施する。

7）その他のいろいろな日用品

生活の中で運動遊びに利用できる素材は様々である。ストロー，レジ袋，エアーキャップ，トイレットペーパーの芯，発泡スチロール，ラップの芯などは特に利用しやすい。中には，音がするもの，感触が楽しめるものなどもあり，子どもの興味を引きやすいものもある。固定観念にとらわれず，いろいろなものを素材遊具として利用してみるとよい。

0～2歳

適応

エアーキャップの上に乗って遊ぶ

牛乳パックでできたブロックやクッションでお馬ごっこ

操作

ビニール袋に新聞紙を入れて，荷物運び

エアーキャップをつぶそう

ビニール袋におもちゃを入れて引いて遊ぶ

牛乳パックで作った椅子を押したり，乗って動かしたりする

《保育者のかかわりと援助》
◎発達段階に応じて，素材をさわる，つまむ，つかむなどの活動を適宜入れ，これらの活動を通して手指の機能の発達を促す。
◎素材のもつ質感なども感じさせるようにする。

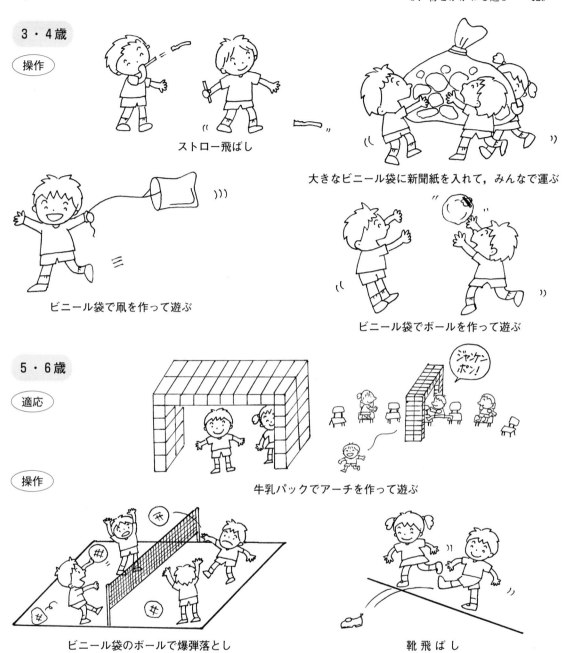

3・4歳

操作

ストロー飛ばし

大きなビニール袋に新聞紙を入れて，みんなで運ぶ

ビニール袋で凧を作って遊ぶ

ビニール袋でボールを作って遊ぶ

5・6歳

適応

ジャンケンポン！

牛乳パックでアーチを作って遊ぶ

操作

ビニール袋のボールで爆弾落とし

靴飛ばし

《保育者のかかわりと援助》

◎いろいろな素材を使って遊具に加工し，工夫する能力を育て，作ったもので十分楽しめるように援助する。

◎子どもたちの創意工夫を促し，考えたり，作ったりする時間を十分とるようにする。

◎牛乳パックを使った大型の遊具の場合は，保育者の十分な準備が必要となる。

◎生活用品を利用する場合は，運動遊びに利用するときと日常の使い方との区別を，はっきりと子どもたちに認識させた上で実施する。

第4章　指 導 計 画

1．指 導 計 画

　幼稚園では，幼稚園教育要領（以下，教育要領とする）にある幼稚園教育の目標を達成できるよう，子どもが入園してから修了するまでの長期的な視野に立って園独自の教育課程が作られる。教育要領には，幼稚園生活の全体を通して教育要領に示されたねらいが達成されるように，教育期間や幼児の生活経験や発達の過程などを考慮して教育課程を編成すると示されている。

　平成20年の保育所保育指針改定により，保育所も同様に，0歳から6歳という長期にわたる保育課程を編成することとなった。そして，平成29年改定では「全体的な計画」として保育課程を示すこととされた。保育所保育指針では，入所している子どもの生活全体を通じて，保育の目標が達成されるように，保育の基本となる「全体的な計画」を編成し，これを具体化した「指導計画」を作るように示されている。保育所の「保育計画」は，幼稚園の「教育課程」にあたるもので，いずれも子どもが入園（所）して修了するまでの発育・発達をふまえ，一貫性のあるものでなければならない。

　教育課程や全体的な計画を達成するために，それぞれの園および地域の実態や一人ひとりの子どもの発達に即しながら，具体的な実践の指導計画が立てられる。計画なしの見通しのない保育では，子ども一人ひとりに適切な指導ができない。指導計画には，具体的なねらいや内容，環境構成，予想される子どもの活動，保育者の援助・配慮，家庭との連携などが含まれる。

（1）幼稚園の指導計画

　教育課程を実践するために，具体的な指導計画が立てられる。指導計画には，年・期・月などにわたる長期の指導計画と，週・日などの短期の指導計画がある。長期の指導計画では，それまで行われてきた保育の実績や評価・反省をもとにして，園行事や季節・環境，地域との連携などに配慮し，短期の指導計画では，幼児の生活する姿に沿って具体的なねらいや内容，環境の構成を考える必要がある。

　教育要領では，指導計画を作成するにあたって，「幼稚園教育は，幼児が自ら意欲をもって環境と関わることによりつくり出される具体的な活動を通して，その目標の達成を図るものである。幼稚園においてはこのことを踏まえ，幼児期にふさわしい生活が展開され，適切な指導が行われるよう，それぞれの幼稚園の教育課程に基づき，調和のとれた組織的，発展的な指導計画を作成し，幼児の活動に沿った柔軟な指導を行わなければならない。」とし，一般的な留意事項をあげている。

　（1）指導計画は，幼児の発達に即して一人一人の幼児が幼児期にふさわしい生活を展開し，必

要な体験を得られるようにするために，具体的に作成するものとする。

（2）指導計画の作成に当たっては，次に示すところにより，具体的なねらい及び内容を明確に設定し，適切な環境を構成することなどにより活動が選択・展開されるようにするものとする。

ア　具体的なねらい及び内容は，幼稚園生活における幼児の発達の過程を見通し，幼児の生活の連続性，季節の変化などを考慮して，幼児の興味や関心，発達の実情などに応じて設定すること。

イ　環境は，具体的なねらいを達成するために適切なものとなるように構成し，幼児が自らその環境に関わることにより様々な活動を展開しつつ必要な体験を得られるようにすること。その際，幼児の生活する姿や発想を大切にし，常にその環境が適切なものとなるようにすること。

ウ　幼児の行う具体的な活動は，生活の流れの中で様々に変化するものであることに留意し，幼児が望ましい方向に向かって自ら活動を展開していくことができるよう必要な援助をすること。

　その際，幼児の実態及び幼児を取り巻く状況の変化などに即して指導の過程についての評価を適切に行い，常に指導計画の改善を図るものとする。

（3）長期的に発達を見通した年，学期，月などにわたる長期の指導計画やこれとの関連を保ちながらより具体的な幼児の生活に即した週，日などの短期の指導計画を作成し，適切な指導が行われるようにすること。特に，週，日などの短期の指導計画については，幼児の生活のリズムに配慮し，幼児の意識や興味の連続性のある活動が相互に関連して幼稚園生活の自然な流れの中に組み込まれるようにすること。

（4）幼児が様々な人やものとの関わりを通して，多様な体験をし，心身の調和のとれた発達を促すようにしていくこと。その際，幼児の発達に即して主体的・対話的で深い学びが実現するようにするとともに，心を動かされる体験が

次の活動を生み出すことを考慮し，一つ一つの体験が相互に結び付き，幼稚園生活が充実するようにすること。

（5）言語に関する能力の発達と思考力等の発達が関連していることを踏まえ，幼稚園生活全体を通して，幼児の発達を踏まえた言語環境を整え，言語活動の充実を図ること。

（6）幼児が次の活動への期待や意欲をもつことができるよう，幼児の実態を踏まえながら，教師や他の幼児と共に遊びや生活の中で見通しをもったり，振り返ったりするよう工夫すること。

（7）行事の指導に当たっては，幼稚園生活の自然の流れの中で生活に変化や潤いを与え，幼児が主体的に楽しく活動できるようにすること。なお，それぞれの行事についてはその教育的価値を十分検討し，適切なものを精選し，幼児の負担にならないようにすること。

（8）幼児期は直接的な体験が重要であることを踏まえ，視聴覚教材やコンピュータなど情報機器を活用する際には，幼稚園生活では得難い体験を補完するなど，幼児の体験との関連を考慮すること。

（9）幼児の主体的な活動を促すためには，教師が多様な関わりをもつことが重要であることを踏まえ，教師は，理解者，共同作業者など様々な役割を果たし，幼児の発達に必要な豊かな体験が得られるよう，活動の場面に応じて，適切な指導を行うようにすること。

（10）幼児の行う活動は，個人，グループ，学級全体などで多様に展開されるものであることを踏まえ，幼稚園全体の教師による協力体制を作りながら，一人一人の幼児が興味や欲求を十分に満足させるよう適切な援助を行うようにすること。

（2）保育所の指導計画

　保育所保育指針では，指導計画作成上の留意点として以下があげられている。

ア　保育所は，全体的な計画に基づき，具体的

な保育が適切に展開されるよう，子どもの生活や発達を見通した長期的な指導計画と，それに関連しながら，より具体的な子どもの日々の生活に即した短期的な指導計画を作成しなければならない。

イ　指導計画の作成に当たっては，（中略）子ども一人一人の発達過程や状況を十分に踏まえるとともに，次の事項に留意しなければならない。

　（ア）3歳未満児については，一人一人の子どもの生育歴，心身の発達，活動の実態等に即して，個別的な計画を作成すること。

　（イ）3歳以上児については，個の成長と，子ども相互の関係や協同的な活動が促されるよう配慮すること。

　（ウ）異年齢で構成される組やグループでの保育においては，一人一人の子どもの生活や経験，発達過程などを把握し，適切な援助や環境構成ができるよう配慮すること。

ウ　指導計画においては，保育所の生活における子どもの発達過程を見通し，生活の連続性，季節の変化などを考慮し，子どもの実態に即した具体的なねらい及び内容を設定すること。また，具体的なねらいが達成されるよう，子どもの生活する姿や発想を大切にして適切な環境を構成し，子どもが主体的に活動できるようにすること。

　さらに，指導計画の作成上特に留意すべき事項として，一日の生活リズム，午睡，長時間にわたる保育，障害のある子どもの保育に配慮することや，小学校，家庭および地域社会との連携を図るよう示されている。

　指導計画を立て実践する際に一番大切なことは，一人ひとりの子どもをしっかりと理解することである。0歳児期は成長・発達のテンポが速く，個人差も大きい。月齢差や発達の段階の違いを十分考慮するとともに，一人ひとりの子

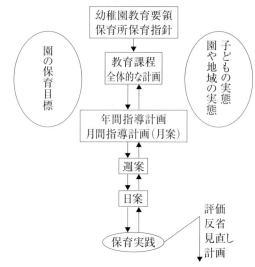

図4-1　指導計画の流れ

どもの生理的欲求や情緒的欲求，興味・関心などを把握して，柔軟に対応していく必要がある。そのためには個々の発達の実情を見極め，今後の見通しを立てることが不可欠になる。同じ月齢の子どもでもはいはいし始めた子とまだしていない子，おすわりができるようになった子とできていない子など姿勢維持や運動能力の獲得時期も様々である。何か月ならこれができるといった基準にとらわれることなく，今その子どもがもっている力と活動がどんな力につながっていくのかを見通すことが大切であり，その見通しが指導計画である（図4-1）。

　0歳児の計画は家庭での生活を含めた24時間のリズムでとらえていくことが必要である。保育所で過ごす時間は子どもの生活の一部であり，家庭と連絡を取り合って，子どもの生活が豊かになるように配慮していかなければならない。ただし，子どもの発育・発達の近道にのみ着眼し，課題を押しつけるような指示や教示ではなく，保育所でもっとできることはないのかを見直した上で，保育のねらいや思いを伝えながら成長の喜びを共有できるような支援をしていきたい。

2．運動遊びの指導計画

運動遊びの指導計画は，運動技能や運動能力の発達が目覚ましい時期なので，在園・在所期間を通じて5領域と関連をもちながら系統的に作成されなければならない。

教育課程・全体的な計画の中に運動遊びがバランスよく含まれ，年齢・時期・周囲の環境などを考慮して組み込まれる必要がある。具体的な指導計画を立てるにあたっては，以下の8点に留意する。

ⅰ）乳幼児期の発育・発達を十分に理解して，発達に即した運動遊びを取り上げる。

ⅱ）子ども一人ひとりの実態を把握し，個人差に留意する。

ⅲ）教育課程・全体的な計画の目標やねらいとの関連性をもたせる。

ⅳ）季節や地域性を考慮する。

ⅴ）いろいろな経験や活動が十分行えるように環境構成をする。

ⅵ）子どもが多様な遊びを経験し，様々な動作パターンが活動の中に含まれる。

ⅶ）活動に適切な指導形態を考慮する。

ⅷ）子どもの家庭環境を把握し，保護者との連携を取る。

よりよい保育条件の中で保育を行うことができればよいのだが，実際には「もっと保育室が広ければいいのに」「もっと遊具がそろっていればいいのに」となかなか厳しい条件の所も少なくない。保育者は望ましい保育条件を求めながら，現状をいかに生かした保育をするかに知恵と努力を惜しんではならない。空間をうまく利用したり，新聞紙・ダンボールなどの素材を工夫することにより，その園独自の生きた保育が可能になる。

保育者は，子どもの育ちと運動遊びに対する正しい認識をもち，子ども一人ひとりに適切な援助を行う指導力が求められる。

3．評　　価

運動遊びを効果的に活動の中に含めるにあたって，保育者はその日のうちに必ず評価を行わなければならない。その日の評価が次の指導計画を見直す機会となり，次の指導をより充実したものへと導くのである。

評価の観点の例を下記に示す。

ⅰ）子どもが楽しく活動していたか。

ⅱ）子どもの発達や実態に即した内容であったか。

ⅲ）活動の目標やねらいは達成できたか。

ⅳ）長期的な計画との関連は適切であったか。

ⅴ）季節や地域性に合っていたか。

ⅵ）環境構成は適切であったか。

ⅶ）活動形態が内容に即していたか。

ⅷ）子どもとのかかわり方は適切であったか。

指導計画の評価は，子どもができるようになったかを問うのではなく，保育者の指導が適切であったかどうかを評価するものである。

このような評価をすることで，保育の見直しが可能となり次のより良い保育へとつながる。

計画には柔軟性が必要で，以前に実施したことが今度もうまくいくとは限らない。実践していく中で子どもの姿をしっかりとらえながら，必要に応じて計画を見直し改善していかねばならない。

表4-1　0・1

年　齢	0～2か月	3か月～5か月	6か月～7か月	8か月～9か月	10か月～11か月
発達の特徴	手足を活発に動かすが原始反射が優勢。	がらがらをしばらく持つ。 足で床をけって上へと進むなど自分の意志である程度姿勢を変化できるようになる。 首すわりの時期。	おすわりが安定し，寝返りが素早くなる。 腹ばいの姿勢で手足の動きがより活発になり，お腹を軸に回ったり，寝返りの繰り返しなどで広く移動することがある。	おすわり，はいはい，寝返りが自由自在となり，つかまり立ちをするようになる。 機嫌がいいと膝をリズミカルに屈伸させたりする。	つかまり立ち，つたい歩き，ひとり立ち，ひとり歩きができるようになる。 手先も器用になり，つかむ，手でいじるなど探索活動が活発になる。
保育時の留意点	顔を見合わせ，あやしたりほほえみかけたりする。 モビールなど赤ちゃんが寝ていてもながめて遊べるおもちゃを準備し，物への興味を誘う。	目覚めているときは腹ばい，支えすわりなどいろいろな姿勢で遊ばせる。 腹ばいは徐々に時間を延ばしていく。	床やおもちゃの安全・清潔に注意をはらう。 おすわりが不安定な時期は周りに毛布などを置く。 個々の発達に即して支え方を工夫したりおすわりの時間を加減する。	どこでもつかまって立とうとするので不安定なもの，動くものに注意する。 立つときは足の裏全体を床につけ，両足の力が同じようにかかるようにする。 はいはいやおすわりでの遊びも十分に経験させる。	周囲のものに興味関心が高くなるので，遊びの環境や安全に注意する。 おもちゃは壊れやすいものや大きすぎる音を出すものは避ける。
経験させたい活動・運動	①保育者のほっぺたを赤ちゃんにやさしくすりあわせる。 ②ふとももを軽く握ったりマッサージをし，足を伸ばしたり縮めたりする。	①手と手，かかととかかとなどやさしくすりあわせる。 ②大きく，小さくあやしながら，揺する。 ③足の上に座らせて支えながら揺らしたりあやしたりする。 ④保育者の膝に支えすわりをしトントンと上下に揺れたり，左右に揺れたりする。	①うつ伏せ・寝返りをして遊ぶ。 ②お腹を軸にしてぐるぐる回って遊ぶ。 ③腋を支え膝の上に立たせて上下にジャンプする。 ④ボールを転がして遊ぶ。 ⑤タオルやひもを使って引っ張りっこをする。 ⑥おもちゃ同士をぶつけて音を出して遊ぶ。	①転がって遊ぶ。 ②保育者が後ろから「まてまて！」など声を変えて追いかける。 ③ダンボールやマットのトンネルをくぐって遊ぶ。 ④マットや板で作った山に登ったり降りたりして遊ぶ。 ⑤巧技台や跳び箱に乗って保育者が後ろから支え，上下左右に揺れて遊ぶ。 ⑥保育者と手をつなぎ，左右に動かしたり膝を屈伸させて遊ぶ。	①十分なはいはいをする。 ②子どもの腋の下を支えて，上体を少し傾けて一歩一歩足を前に踏み出す。 ③仰向けで保育者の手を握らせて，立位まで引き起こす。 ④腹ばいの子どもの足を持ってゆっくり逆立ちにする。 ⑤両手をしっかり持ってゆっくり回す。 ⑥両脇を支えて高い高いをする。 ⑦保育者の足の上に子どもの足を乗せてロボット歩きをする。

・2歳児の指導計画

12か月	1歳～1歳6か月	1歳6か月～2歳	2歳～2歳6か月	2歳6か月～3歳
手放しでしばらく立ったり，歩くようになる。手の動きも盛んになり，握ったものを落としてとってもらったりして遊ぶようになる。	探索行動が盛んになり，高い所に登ったり，ベッドやすべり台によじ登ったりするようになる。小さなものをつまんで穴に入れたり，手指の運動も発達する。	足腰がしっかりして歩行に安定感が増す。興味・関心が広がり，遊びが次々と移るなどの行動がみられる。手先が器用になり，砂場でシャベルがじょうずに使えるようになる。	動作に安定感がみられ，運動面では全身や手指の動きが巧みになる。歩行が完成し，走る，跳ぶ，ぶら下がる，よじ登る，転がるなどの基本運動ができるようになる。遊びに集中して取り組めるようになるが，体力が不十分なため，活動は長続きしない。	象徴的遊びができるようになり，「ごっこ遊び」「つもり遊び」をするようになる。全身の協応動作の巧みさや力が増してくる。手指の発達は著しく，行動も多様になる。
歩き始めは転びそうになってもすぐに抱きとめず，じょうずな転び方を体得させる。いろいろなことに興味・関心も高まるが，不安や緊張も覚える時期なので，しがみついてきたときはしっかり抱きしめたり，そばにいてやるようにする。	でこぼこした道や斜面の登り降りなどの遊びを経験できるように工夫する。小さなおもちゃの誤飲に注意する。子ども主体の遊びとなることや他児とのかかわりができるよう配慮する。	全身運動が十分できるような場所や遊具を準備する。機嫌良く一人遊びをしているときは，子どもの行動を見守る。助けを求めたり，必要なときにタイミングよく手助けできるように心がける。	遊具は身体のサイズに合ったものを準備する。遊具が子どもの数より少ない時は，順番に使うことができるようにする。友だちとふれあう遊びを増やし，一緒に遊ぶ楽しさを味わえるようにする。同じ遊びを繰り返し楽しみ，自信と正確さを身に付けられるようにする。	高い所に興味を示すようになるので，安全に注意する。社会性の芽生えの中で順番を待つことを理解できるようにする。遊びが発展するように言葉がけをし，イメージをふくらませる。
①「ここまでおいで」「あんよはじょうず」など声をかけてひとり歩きをさせる。②両手を握り膝の上で，揺らして遊ぶ。③箱にひもをつけ引っ張って歩く。④足の間にボールを転がして保育者とのキャッチボールを楽しむ。⑤座ぶとんの上で，ぴょんぴょん跳ねて遊ぶ。	①箱におもちゃを乗せて引っ張って遊ぶ。②保育者の足に座りシーソーのようにして遊ぶ。③大型積木を押して遊ぶ。④ボールを転がしたり，けったりして遊ぶ。⑤巧技台を登り降りしたり，はしごをくぐる，跳ぶ，一本橋を渡るなど様々な組合わせで遊ぶ。⑥戸外での遊具（ぶらんこ，すべり台，砂場など）で遊ぶ。	①戸外で歩いたり，走ったりして遊ぶ。②鉄棒にぶら下がって遊ぶ。③自動車に乗って床を足でけって進む。④三輪車に乗ってペダルをこぐ。⑤床に置いてある縄や保育者がゆっくり揺らしたなわを跳び越える。⑥保育者の身体の下をくぐったり，乗り越えたりして遊ぶ。⑦保育者と手をつないで膝に乗りお腹のところで一回転する。	①狭い所や，つま先立ちで歩いたり，乗り物ごっこで移動運動を安定して行えるようにする。②両足で跳んだり，マットによじ登る，跳び降りるなど基本運動を多く経験する。③おいかけっこや保育者の合図で走ったり，止まったり，ポーズなどして遊ぶ。④両足跳びで前へ移動する。⑤おすもうごっこをする。⑥綱引きをする。⑨マットで横に縮んで転がる。⑩鉄棒にぶら下がる。⑪ボールを投げたり転がしたりする。	①いろいろな遊具，固定遊具で遊ぶ。②散歩をして自然とのふれあいを楽しむ。③平均台を前向き・横向きで歩く。④でんぐり返しをする。⑤片足跳びをする。⑥高い所から跳び降りる。

表4-2　3・4

クラス		年　少　組	
時　期		前　期	後　期
ねらい　　遊　び		○先生と一緒に楽しく遊ぶ ○友だちとかかわりながら簡単なルールがあることを知る ○友だちと一緒に遊ぶ楽しさを知る	
人とかかわる遊び (P.33-45)	鬼遊び	追いかけ鬼	ひょうたん鬼
	歌遊び	おおかみさんいまなんじ・ひらいたひらいた	
	ゲーム	だいこん抜き・じゅうたん引き	
		ぞうさんとくものす	かみなりごろごろぴかぴか
自然とかかわる遊び (P.46-55)	砂	幅跳び・穴掘り	山作り・トンネル作り
	土	こねる	好きな形を作る
	石	ひろう	小石を並べる
	水	水かけっこ・いないいないばあ・水中歩き・バタ足・しゃがみ歩き・水中走りっこ	
	木・葉・実	低い木に登る	なわを引っ張って揺らす
	雪・氷	雪のおにぎり	雪上を歩く
固定遊具 (P.97-107)	すべり台	仰向けすべり・長座すべり	トンネルくぐり・よじ登り・逆登り
	ぶらんこ	立ってこぐ・座ってこぐ	
	うんてい	ぶら下がる	はい渡り
	ジャングルジム	ぶら下がる	登る・降りる
	鉄　棒	ぶら下がる	
	登り棒	よじ登る・すべり降りる	ぐるぐる回る
大型遊具 (P.82-96)	マット	横転	だいこん抜き
	平均台	横歩き・前歩き	カニ歩き・クモ歩き
	跳び箱	跳び乗る・跳び降りる	電車ごっこ
	大型積木・ブロック	運ぶ・並べる・積み上げる	車ごっこ
	はしご	くぐる	またぎっこ・はい渡り
小型遊具 (P.57-81)	ボール	転がす・投げる・受け取る	
	なわ	跳び越し・ヘビ跳び	
	輪（フープ）	くぐる・ぶらさがる・またぐ	
	棒	またぐ・ぶらさがる	
素材 (P.108-129)	新聞紙	はう・くぐる	ちぢむ・つかむ
	ダンボール	はいはいくぐり・押す	的当て
	ペットボトル	転がす・持つ	積む・缶くずし
	テープ	つかむ	しっぽとり
	布	ハンモック・もぐる	そり遊び

（　）内の頁数は本書の該当頁を示す

・５歳児の指導計画

| 年　　中　　組 | | 年　　長　　組 | |
前　期	後　期	前　期	後　期
○先生と一緒に身体を動かして遊ぶ ○園の遊具に親しみ，安全な使い方を知る ○いろいろな遊具を使って運動遊びを楽しむ ○ルールを守って集団遊びを楽しむ		○新しい友だちや先生とかかわりながら，進んで運動遊びや集団遊びに取り組む ○皆で集団遊びのルールを話し合ったり，考えたりして遊びを発展させる	
名前鬼・高鬼・色鬼・影踏み		ことろことろ	足踏み鬼
	あぶくたった	たけのこ１本おくれ	はないちもんめ
	けんけんずもう	手押し車	すもう
だるまさんが転んだ			
砂を器に移す	型抜き	川・ダム作り	
築山の登り降り	水を流して川にする	泥団子を作る	
目標物に投げ当てる		図形を描いて石けりをする	
・宝探し・鬼ごっこ・水中ジャンケン・棒くぐり・輪くぐり			
落ち葉を追いかける	木の実集め	２本の木でジャンケン陣とり・どんぐりロケット	
雪だるま作り	雪合戦・そりすべり	氷すべり	かまくらつくり
	つっぱり登り・走り登り・伏せすべり		すべり台リレー
		２人こぎ	
		ぶら下がり渡り・１段とばし	
頂上立ち・跳び降り・追いかけっこ		鬼ごっこ・サーカス・ぶら下がり降り	
足抜き・前回り・尻上がり		足抜き	逆上がり・逆立ち
すべって途中で止まる・ぶら下がる		上まで登る	腕だけで登る
あざらし・自転車こぎ	足打ち	前回り・後回り・側転・倒立	
くぐる・ぶら下がる	ジグザグ跳び	遊具を組み合せて遊ぶ	
よじ登る	跳び越し	馬乗り	開脚跳び越し
またぐ・島渡り	満員電車	積木渡し	基地作り
立ち渡り・ぶら下がり	跳び越し	２人歩き	はしごジャンケン
投げる・取る・ける	つく	ドッジボール	サッカー
綱引き	長なわで大波小波	短なわで前回し跳び・後回し跳び・あやとび	
回す・跳ぶ・投げる		ケンパ遊び	
回す・つかむ		バランス棒・棒とり	
島渡り	運ぶ・飛ばす・投げる	乗って歩く・まるめて当てる・やり投げ	
かくれんぼ・積む	電車ごっこ・キャタピラ	ボブスレー	ゲートボール
ボーリング・割り箸入れ・空き缶転がし・缶ぽっくり・足を使って空き缶立て			
紙テープ跳び	しっぽ切り	紙テープハードル	足レイ運び
身体にまく・手ぬぐいキャッチ・大波小波・メリーゴーランド・タオル抜け・人間運び			
		引っ張りっこ	ハンカチとり

〈日案例〉S幼稚園　10月○日　3歳児

> **本日のねらい**
> ・保育者や友だちと一緒に遊ぶことを楽しむ。
> ・秋の自然に触れ，興味をもつ。

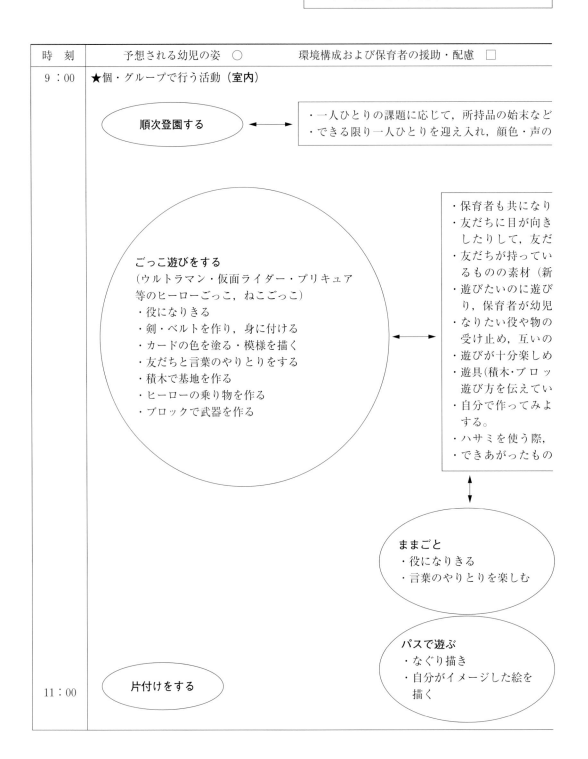

時　刻	予想される幼児の姿　○	環境構成および保育者の援助・配慮　□
9：00	★個・グループで行う活動（**室内**）	
	（順次登園する）	・一人ひとりの課題に応じて，所持品の始末など ・できる限り一人ひとりを迎え入れ，顔色・声の
	ごっこ遊びをする （ウルトラマン・仮面ライダー・プリキュア等のヒーローごっこ，ねこごっこ） ・役になりきる ・剣・ベルトを作り，身に付ける ・カードの色を塗る・模様を描く ・友だちと言葉のやりとりをする ・積木で基地を作る ・ヒーローの乗り物を作る ・ブロックで武器を作る	・保育者も共になり ・友だちに目が向き 　したりして，友だ ・友だちが持っているものの素材（新 ・遊びたいのに遊び 　り，保育者が幼児 ・なりたい役や物の 　受け止め，互いの ・遊びが十分楽しめ ・遊具(積木・ブロッ 　遊び方を伝えてい ・自分で作ってみよ 　する。 ・ハサミを使う際， ・できあがったもの
		ままごと ・役になりきる ・言葉のやりとりを楽しむ
11：00	片付けをする	パスで遊ぶ ・なぐり描き ・自分がイメージした絵を描く

経験・内容
- ・道具や用具を見立てて遊んだり，遊ぶ場を保育者や友だちと一緒に作ったりする。
- ・友だちと同じ場（築山・砂場・ままごとコーナー等）で，同じようなことをして，かかわり合って遊ぶ。
- ・秋の自然物（ドングリ）を集めたり，遊びに使って（見立てて遊ぶ・転がす）楽しむ。
- ・保育者や友だちと一緒に追いかけっこをする。

声をかけたり，見守ったりする。また，必要であれば手助けをする。
調子・元気のある，なし等から幼児の状態を把握する。

きって遊び，幼児の思いやイメージを表現している姿を十分受け止め，認める。
始めているので，幼児同士のやりとりを見守ったり，時には保育者が幼児の会話をつなげたり，代弁
ちと一緒に遊ぶ楽しさが感じられるようにする。
るものやしていることを見て，"自分もしたい" "持ちたい" "作りたい" という思いを受け止め，作
聞紙・カード・腕輪等）を準備する。
になかなか参加できない幼児に対しては，参加しやすいような雰囲気づくりやきっかけづくりをした
の気持ちを代弁したりする。
取り合い，イメージの食い違いや力の加減が調節できずトラブルになったときは，それぞれの思いを
気持ちを伝えていくようにし，どうしたらいいか共に考え，「こんな方法もあるよ」と知らせていく。
るように場所を確保する。
ク等）や用具（ハサミ・テープ等）の望ましくない使い方をしている場合には，危険性を伝えたり，
く。
うと頑張っている姿を見守ったり，認めたりする。また，作っていく中で技術的に困難な場合は援助

危険が伴うので安全面には十分配慮する。
を十分に認める。

積木で遊ぶ
・バス・汽車などの乗り物を作る

- ・幼児が描きたいときにいつでも描けるよう，取り出しやすい所に紙，画用紙を用意する。
- ・できた作品に対して，具体的な言葉で評価し，皆で見あえるような場も整えていく。

時　刻	予想される幼児の姿…〇	環境構成および保育者の援助・配慮…□
9：00	★個・グループで行う活動（**戸外**）	

ごっこ遊びをする
（ウルトラマン・仮面ライダー・プリキュア等）
・役になりきる
・剣・ベルトを作り，身に付ける
・言葉のやりとりをする
・スクーターや三輪車に乗る
・築山・みどりの家で遊ぶ

・保育者も共になりきっ
・保育者も共に遊んでい
・友だちに目が向き始め
　して，友だちと一緒に
・友だちが持っているも
　の素材（新聞紙・カー
・なりたい役や物の取り
　め，互いの気持ちを伝
・活発に遊び回るので，

・保育者も共になりきって遊ん
　きは見守る。
・個々の表現・思いを受け止
　しめるように，アイディアを
・幼児の"〇〇のつもり"や見
　しくなるように声をかけなが
　る。
・泥団子作りでは，それぞれの
　さ・形等）で認め，できた喜
・物の取り合い，イメージの食
　それぞれの思いを十分に受け

固定遊具で遊ぶ
・すべり台
・ぶらんこ

・ぶらんこに乗ることができるように
・それぞれの楽しみ方を共感する。
・幼児の発想や提案を受け止め，より楽
・安全面に十分配慮すると共に望ましく
　の都度伝えていく。
・取り合いとなった場合は，実際に保育
　あることに気付くことができるように

| 11：00 | | |

片付けをする

・遊びの流れや様子をうかがいながら，片付けを呼び
・頑張っている幼児の姿を認め，周りの幼児へ知らせ
・片付けた後の気持ちよさを感じることができるよう

て遊び，幼児の思いやイメージを表現している姿を十分受け止め，認める。

く中で，遊びのイメージがふくらむよう声をかけたり，思いが出せるようにする。

ているので，幼児同士のやりとりを見守ったり，時には保育者が幼児の会話をつなげたり，代弁したり
遊ぶ楽しさが感じられるようにする。

のやしていることを見て，"自分もしたい""持ちたい""作りたい" という思いを受け止め，作るもの
ド・腕輪等）を準備する。

合い，イメージのくい違いや力の加減が調節できずトラブルになったときは，それぞれの思いを受け止
えていくようにし，どうしたらいいか共に考え，「こんな方法もあるよ」と知らせていく。

衣服の調節には心がけていくようにする。

だり，幼児同士で遊びを進めていると

め，認めていく。また，遊びがより楽
出していく。

立て，なりきる姿を大切にし，より楽
らイメージがふくらんでいくようにす

作り方を具体的な言葉（大きさ・固
びを共感する。

い違いからトラブルとなったときは，
止め，思いを伝えたり共に考えていく。

砂遊びをする
・型抜き・見立てて遊ぶ・ごっこ遊び
・泥団子作り・おひさまの家で遊ぶ

なった喜び・楽しさを共感する。

しむことができるようにする。
ない使い方をしている場合は，そ

者も遊ぶ中で模範を示し，順番が
する。

ドングリで遊ぶ
・拾う・転がす・見立てて遊ぶ

・築山や森で拾うこと・集めることを楽しんでい
る姿を認め，幼児の発見や驚き，つぶやきに耳
を傾け，共感していく。
・それぞれの遊び方に共感したり，いろいろな遊
び方（斜面を転がす・見立てる）を紹介する。

かけていく。
広げていく。
にする。

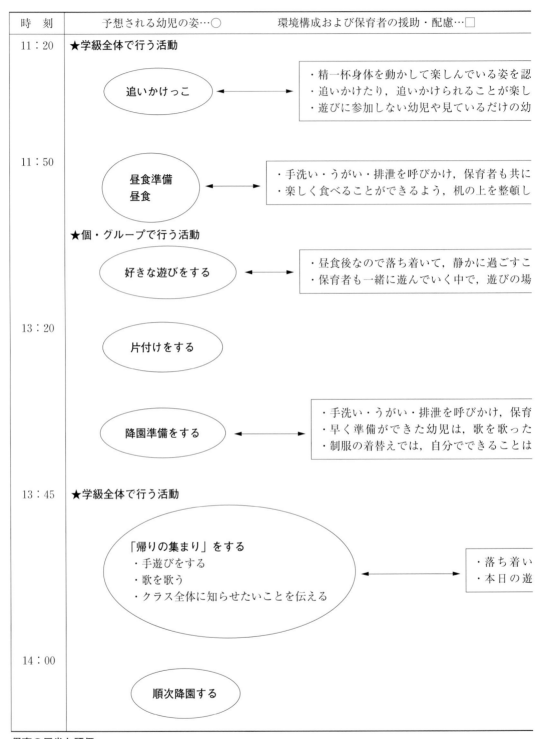

時　刻	予想される幼児の姿…○	環境構成および保育者の援助・配慮…□
11：20	★学級全体で行う活動 追いかけっこ	・精一杯身体を動かして楽しんでいる姿を認 ・追いかけたり，追いかけられることが楽し ・遊びに参加しない幼児や見ているだけの幼
11：50	昼食準備 昼食	・手洗い・うがい・排泄を呼びかけ，保育者も共に ・楽しく食べることができるよう，机の上を整頓し
	★個・グループで行う活動 好きな遊びをする	・昼食後なので落ち着いて，静かに過ごすこ ・保育者も一緒に遊んでいく中で，遊びの場
13：20	片付けをする	
	降園準備をする	・手洗い・うがい・排泄を呼びかけ，保育 ・早く準備ができた幼児は，歌を歌った ・制服の着替えでは，自分でできることは
13：45	★学級全体で行う活動 「帰りの集まり」をする ・手遊びをする ・歌を歌う ・クラス全体に知らせたいことを伝える	・落ち着い ・本日の遊
14：00	順次降園する	

保育の反省と評価

①　環境構成は適切であったか。

②　幼児とのかかわり方は適切であったか。

める。
むことができるようにする。
児には，様子を見ながら声をかけ，誘ってみるようにする。

行いながら必要性を知らせたり，確認する。
たり，必要に応じて食事のマナーを伝える。

とができるような遊びを紹介する。
を整えていく。

者も共に行っていく中で，大切さや必要性を伝えていく。
り，手遊び等をして待つことができるよう準備をしておく。
見守り，困難な場合は手助けしたり，やり方を伝える。

た雰囲気で話を聞くことができるよう，形態を工夫する。
びや生活の中で友だちと一緒に楽しんでいた姿をクラス全体に伝える。

運動遊び指導計画例（M保育園）

・対象：年長男児14名，女児13名

・日時：4月15日10時〜10時40分

・場所：園庭

・最近の子どもの様子

　年長になり鉄棒や登り棒などで，積極的に遊ぶ子どもとあまり遊ばない子どもに分かれる傾向にある。そのことでいろいろな技術の獲得にも差が生じている。

・活動のテーマ

　友だちと一緒に固定遊具を使っていろいろな忍者の修行（運動遊び）に挑戦する。

・本時のねらい

　固定遊具遊びに消極的な子どもが，友だちと一緒に遊び方をいろいろ工夫したり考えたりすることで技術の習得だけにとらわれず，楽しみながら取り組めるようにする。

時　間	予想される子どもの姿	保育者のかかわりと援助	環境構成
10：00	・保育者の周りに集まる。	・保育者の周りに集まるよう促し，本時の活動を知らせる。	
10：05	・室内で忍者の表現遊びを楽しむ。（忍足の術・手裏剣の術・その他）	（忍者になって遊ぶことを伝える）	
10：10	・忍者グループを5つ作り，修行に使う固定遊具を決める。	・忍者グループに分かれてグループごとに園庭の固定遊具を使った忍者の修行をすることを伝える。	
10：15	・グループに分かれて活動する。 ・鉄棒グループ……タイヤを使って動きをさらに工夫する。 ・登り棒グループ……なわを用いて動きをさらに工夫する。 ・ジャングルジムグループ……ダンボールを用いてさらに動きを工夫する。 ・うんていグループ……タイヤを用いてさらに動きを工夫する。 ・総合遊具（すべり台つき）グループ……ボールを用いてさらに動きを工夫する。	・グループで使う固定遊具が重ならないように配慮する。 ・それぞれのグループの様子を見ながら，遊びがさらに楽しめるよう移動可能な遊具（なわやタイヤなど）を使用してよいことを知らせる。 ・うまく修行（動き）ができない仲間へ配慮することを促す。修行の内容を変えてみたり，2人組や3人組など協力してできるものがあることを伝える。	鉄　棒 登り棒 ジャングルジム うんてい 総合遊具 なわ タイヤ ダンボール ボール（小）
10：30	・グループごとに考えた修行（遊び）を皆に伝える。 ・それぞれのグループの楽しいところを見つける。	・それぞれのグループの修行（遊び）を皆に知らせるように促す。 ・ほかのグループの楽しいところを見つけることを知らせる。	
10：35	・グループでやってみたい修行を1つ決め挑戦する。	・やってみたいグループの修行をするよう伝える。	
10：40	・次はどの遊具を使うか期待をもって仲間と話し合い決める。	・次回は固定遊具を交換して忍者の修行遊びをすることを伝える。	

第5章　乳幼児の安全教育

　わが国の人口動態調査によると，子どもの死因のうち圧倒的に多いのは外因死であり，なかでも不慮の事故は，1960年代以降，常に14歳以下の子どもの死亡原因の上位にある。また，消費者庁の調査による平成22～26年（2010～2014年）のデータ分析では，5年間の子ども（0～14歳）の不慮の事故死2,030件のうち，0歳が24.7%を占め，さらに全体の63.5%を0～6歳が占めていたと報告している[1]。このように乳幼児の不慮の事故による死亡は，見逃せない事態になっている。その主な原因は，交通事故を除くと窒息や溺死・溺水，転倒・転落である。

　ここでは，乳幼児からこのような不慮の事故を防ぐには，どのようにすればよいか考えていく。

1．乳幼児の安全

（1）乳児について

　乳児は吸乳時や睡眠時などに事故が起こりやすく，誤飲，窒息，転落など一瞬の不注意から大きな事故や突然死につながるケースが多い。よって，乳児からは目を離さないように気をつけなければならない。

　はって移動することが可能になると，探索行動が盛んになり事故に遭う確率はいっそう高くなる。乳児は目に見える様々なことに興味をもつため，危険な段差のあるところへ行ってみたり，熱を発する物に触ろうとしたり，テーブルなどの上に置いてある物を取ろうとして落下させたりと，危険かどうかを判断することができないための不慮の事故に遭いやすくなる。したがって，危険な場所へは近づけないような工夫や，手が届く範囲に危険な物を置かないなど，不測の事態を考慮した環境構成が必要である。また，物を口元にもっていく行動も多いため，誤って口に入れ飲み込んだりすることがないよう，乳児の口に入るような小さな物を身の回りに置かないようにしなければならない。さらに，物をなめる行動も多くみられるため，衛生上の配慮も必要である。

　歩行ができるようになると，さらに行動範囲は広がり，好奇心も旺盛になる。窓辺に踏み台になるような物があれば，上がって身をのりだし転落することもある。階段や踊り場などでの事故，浴槽での事故も多くなる。安全な環境を整えるとともに，子どもの行動を十分に把握し，子どもから目を離さないことが重要である。

（2）幼児について

　この時期の子どもの特性は，部分的には見え

1）消費者庁「子どもの事故の現状について（子供の事故防止に関する関係府省庁連絡会議資料）」2017

ているが全体は見えていないことがある。ボールを追いかけて交通事故に遭うのが6歳前後の子どもに多いのはそのためである。また，できなかったことができるようになって，より活動が活発になってくることとも関係している。

幼児は転倒による事故も多い。それは第一に体格や体型から発生することが考えられる。子どもは身体の割に頭が大きい分，重心が高く，視点も低い。このことが転倒の事故を起こしやすくする。

さらに，活動体験が浅い上に，筋力も弱く，バランス能力もまだ備わっていないという身体能力の特徴も事故に遭うことと関係が深い。

理解力や認識力の未熟さから事故を起こすこともある。子どもは活動の幅と経験が少ないため，何が危険で何が安全なのかという理解が乏しい。つまり危険を予見する能力が十分に育っていないといえる。よって，保育者はこれらのことを認識し，子どもを事故に遭わせないように十分配慮しなければいけない。

（3）安全対策

かつて日本の子どもたちは，近所の異年齢の子ども同士で集まり群れで遊ぶことが多く，子どもの遊びの世界にもひとつの社会があった。そこでは，年長の子どもがリーダーとなり，遊びの中で危険な場所を教え，危険な遊び方を注意し，経験上の知識を年下の子どもに伝えていた。そしてその中で子どもは一つ一つの体験を積みながら安全への配慮を学んでいった。今はそのような経験をすることも少なく，日常の遊びの中で安全を身に付ける機会が減ってきている。

そこで，幼稚園，保育所，幼保連携型認定こども園（以下，認定こども園）等の保育施設における安全教育がますます重要になってきている。保育内容領域「健康」のねらいの中に「安

全教育」を示す部分として，「健康・安全な生活に必要な習慣や態度を身に付け，見通しを持って行動する」があげられている。このたびの改訂（または改定）を期に基本的な内容が統一（同一あるいは整合性を図る）された平成29年告示，30年施行の幼稚園教育要領，保育所保育指針，幼保連携型認定こども園教育・保育要領（以下，教育・保育要領）においても，そのねらいはそのまま引き継がれている。

また，その内容においても，

① 幼稚園（保育所・認定こども園）における生活の仕方を知り，自分たちで生活の場を整えながら見通しを持って行動する。

② 自分の健康に関心を持ち，病気の予防などに必要な活動を進んで行う。

③ 危険な場所，危険な遊び方，災害時などの行動の仕方が分かり，安全に気を付けて行動する。

が引き続き示されている。

さらに，保育所保育指針および教育・保育要領では，「第3章健康及び安全」の「事故防止及び安全」の項目の中に保育中の事故防止のための安全指導の文言とともに，新たに事故防止の取り組みの際に必要な対策についての項目が追加された（幼稚園では，「学校保健安全法」で規定されており幼稚園教育要領での記載はない）。

日常的に遊びを通した活動（特に身体活動や運動遊び）を実践することは，身体の協応性が高められ，そうすることで危険から回避する能力も身に付くと考えられ，また期待される。ただし，一方では身体活動は危険を伴うこともあり，ケガ等の事故を生ずることもある。

しかし，それはやり方次第である。小さなケガを恐れず積極的に活動体験を積むことで，より安全能力は高まり，身体活動や運動遊びからもたらされる効果は，危険に対する懸念を払拭すると考えられる。

予測できないような悲惨な事件も発生するような複雑な社会にあっては，子ども自身も自分で自分の身を守ることは大切である。そのためにも日常的な身体活動を伴った遊びを体験することは重要で，それらを通して安全への理解を教育することの意義は大きい。

もちろん安全教育だけでは，子どもを事故から守ることはできない。やはり大人（保育者）が安全な環境を用意し，安全管理をすることは重要である。

２．事故の実態と原因

わが国の平成30年（2018年）の人口動態統計[2)]における子どもの死亡原因は，乳児（0歳）では先天奇形・奇形及び染色体異常による死亡率が最も高く35.6%，次いで周産期に起こる特異的な呼吸障害等15.0%，不慮の事故3.7%である。また，幼児（1～4歳）で最も高いのは，先天奇形・奇形及び染色体異常で23.6%，次いで不慮の事故12.9%，悪性新生物〈腫瘍〉11.3%となっている（表5-1）。

この死亡原因別統計で注目される点は，外因死である不慮の事故が乳児期（0歳）で第3位，幼児期（1～4歳）で第2位，5～9歳においても第2位となっており，乳幼児期から学齢期にかけて不慮の事故が上位を占めていることである。また，不慮の事故による死亡率（人口10万対の率）を年齢階級別に比較してみると，

表5-1　年齢階級別死因順位第5位までの死亡数・死亡率（人口10万対）　　平成30（2018）年

年齢階級	0歳		1～4歳		5～9歳	
	死因	死亡数 死亡率 （割合）	死因	死亡数 死亡率 （割合）	死因	死亡数 死亡率 （割合）
第1位	先天奇形，変形及び染色体異常	623 67.8 (35.6)	先天奇形，変形及び染色体異常	152 4.0 (23.6)	悪性新生物〈腫瘍〉	82 1.6 (22.6)
第2位	周産期に特異的な呼吸障害等	262 28.5 (15.0)	不慮の事故	83 2.2 (12.9)	不慮の事故	75 1.5 (20.7)
第3位	不慮の事故	64 7.0 (3.7)	悪性新生物〈腫瘍〉	73 1.9 (11.3)	先天奇形，変形及び染色体異常	40 0.8 (11.0)
第4位	乳幼児突然死症候群	57 6.2 (3.3)	心疾患	31 0.8 (4.8)	その他の新生物〈腫瘍〉	14 0.3 (3.9)
第5位	胎児及び新生児の出血性障害等	50 5.4 (2.9)	肺炎	24 0.6 (3.7)	心疾患	12 0.2 (3.3)

0歳の死亡率は出生10万対である。（　）内の数値は，それぞれの年齢階級別死亡数を100としたときの割合（%）。
厚生労働省「平成30年人口動態統計」2019

2）厚生労働省「平成30年人口動態統計」2019

表5-2　年例階級別にみた不慮の事故による死亡の状況

平成30（2018）年

	0歳	1～4歳	5～9歳
不慮の事故総数	64	83	75
死亡率[1]	7.0	2.2	1.5
総死亡数に占める割合（%）	3.7	12.9	20.7
交通事故	3 (4.7)	32 (38.6)	31 (41.3)
転倒・転落・墜落	1 (1.6)	7 (8.4)	1 (1.3)
溺死及び溺水	6 (9.4)	17 (20.5)	19 (25.3)
窒息	51 (79.7)	18 (21.7)	6 (8.0)
煙，火及び火災への曝露	－	3 (3.6)	7 (9.3)
中毒	－	1 (1.2)	1 (1.3)
その他	3 (4.7)	5 (6.0)	10 (13.3)

1）0歳の死亡率は出生10万対，他の年齢階級は人口10万対。
（　）の数字は，それぞれ年齢階級別不慮の事故による死亡総数を100としたときの割合（%）。
厚生労働省「平成30年人口動態統計」2019）

乳児期（0歳）の死亡率が最も高い（7.0）ことも注目すべき点である（表5-2）。

これら統計データが示すように，子どもの安全を考える場合，この不慮の事故についての十分な検討と対策が必要であると考えられる。

（1）事故の実態

不慮の事故による死亡の状況を年齢階級別に整理してみると，乳児では，窒息が79.7%と最も高く，次いで溺死及び溺水，交通事故となっている。乳児の窒息による死亡割合は，他の年齢階級と比べてみても突出して高い。幼児の1～4歳では，交通事故が最も高く，次いで窒息，溺死及び溺水である。学齢期の始めを含んだ5～9歳では交通事故が高く，次いで溺死及び溺水，煙，火及び火災への曝露が続いている（表5-2）。

自分で寝返りができない乳児期前半では，鼻や口を枕や布団など周辺にある物によって塞がれ窒息に至るケースが，乳児期後半では，様々なものに興味をもち始めるので，誤飲による窒息などが考えられる。乳児期後半から幼児期にかけては，身体を移動させることができるようになるので，事故も子どもの周辺で発生するようになり，その種類も多様化してくる。さらに，歩くようになり，行動範囲が拡大するにしたがって屋外での事故が多くなる。以上のことから事故は子どもの発育・発達状況と密接に関係していると考えられる。

次に，具体的な乳幼児の事故の実態を保育現場の統計でみてみよう。

日本スポーツ振興センターの基本統計[3]によると，平成30年度の負傷・疾病件数の総数は，幼稚園18,107件，保育所40,211件，認定こども園9,240件であり，件数のほとんどを負傷が占めている（表5-3）。これを男女の別でみると，男児の割合が幼稚園61.9%，保育所60.8%，認定こども園61.4%といずれも女児に比べて男児の件数が多くなっている。このことから推察されることは，男児の方が女児に比べて活動性も高く，その分，負傷の割合も高くなっていることが考えられる（表5-3）。

負傷の発生を保育施設管理下でみると，幼稚園，保育所，認定こども園ともに圧倒的に保育中に起こっている（幼稚園97.6%，保育所98.9%，認定こども園98.7%）（表5-4）。

保育中の負傷および疾病の発生場所は，幼稚園では園舎内51.4%，園舎外44.6%，園外4.0%，保育所では園舎内61.7%，園舎外31.8%，園外6.5%，認定こども園では園舎内

表5-3　　各保育施設における負傷・疾病発生状況

保育施設〈総計〉		負傷・疾病別の件数	男児	女児
幼稚園〈18,107件〉	負傷	16,726　（92.4）	11,209　（61.9）	6,898　（38.1）
	疾病	1,381　（7.6）		
保育所〈40,211件〉	負傷	36,504　（90.8）	24,452　（60.8）	15,759　（39.2）
	疾病	3,707　（9.2）		
幼保連携型認定こども園〈9,240件〉	負傷	8,395　（90.9）	5,669　（61.4）	3,571　（38.6）
	疾病	845　（9.1）		

男児・女児の数は，負傷・疾病の合計数である。（　）内数字は総数を100としたときの割合（％）。

表5-4　　各保育施設における負傷の発生状況

保育施設	負傷件数	保育中	（％）	寄宿舎	（％）	通園中	（％）
幼稚園	16,726	16,326	（97.6）	35	（0.21）	365	（2.2）
保育所	36,504	36,118	（98.9）	17	（0.05）	369	（1.0）
幼保連携型認定こども園	8,395	8,285	（98.7）	7	（0.08）	103	（1.2）

数字は件数を，（　）内数字は負傷の合計件数に占める割合を示す。

（表5-3～4，図5-1～8；日本スポーツ振興センター編『学校管理下の災害・平成30年版』，日本スポーツ振興センター，2019）

61.0％，園舎外34.1％，園外4.9％となっており，いずれも園舎内の方が園舎外より負傷および疾病の発生割合が高い傾向にある。発生割合を場所別に詳しくみると，園舎内においては，幼稚園では保育室が最も高く，次いで廊下，遊戯室である。保育所および認定こども園では，保育室，遊戯室，廊下の順位であり，やはり保育室での負傷および疾病の発生率が高い（図5-1）。また，園舎外における場所別の発生割合では，いずれも9割以上が運動場・園庭である（図5-2）。

園舎内での負傷および疾病の発生が保育室で高いのは，日中の長い時間を過ごす場所であるとともに，椅子や机，本棚，遊具・教具など様々な物が点在しており，使い方や管理の仕方によっては危険となる物も多く，特に負傷の発生を招くことによるものと考えられる。

一方，園舎外では，そこが活発に動く場所であるために事故等の発生も高くなることが考えられる。運動場・園庭では固定遊具があり，遊びの種類もダイナミックになる。また，大型遊具や小型遊具を使用することも多く，遊びの種類も多種多様である。子どもの発育発達には欠かすことのできない体育用具や遊具ではあるが，常に危険を伴うということを忘れてはならない。

その体育用具・遊具別の発生状況をみると，幼稚園および保育所ではすべり台が，認定こども園では総合遊具が最も高く，次いで幼稚園では総合遊具，うんてい，保育所では砂場，総合遊具，認定こども園ではすべり台，鉄棒と続く（図5-3）。どれも子どもに人気のある遊具で使う頻度も高い。しかし，砂場以外は高さのある遊具で，しかも大きな動きや姿勢の変化を伴

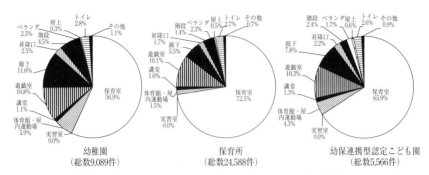

図 5-1　保育中の負傷・疾病の場所別発生数（園舎内）

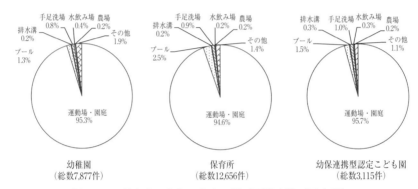

図 5-2　保育中の負傷・疾病の場所別発生数（園舎外）

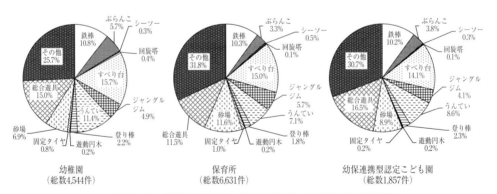

図 5-3　保育中の負傷・疾病の体育・遊戯施設別発生数

い，それに見合った筋力や協応性を必要とする遊具である。そのため運動能力の発達途上にある子どもにとっては危険性も高くなる。

　負傷部位と種類の状況をみると，幼稚園，保育所，認定こども園ともに顔部が最も高く，次いで上肢部，下肢部，頭部，体幹部となっている（図 5-4）。種類では，各保育施設ともに挫傷・打撲が最も多く，次いで幼稚園では骨折，

挫創が，保育所および認定こども園では脱臼，挫創の順に多い（図 5-5）。主に上半身の負傷が多い原因としては，乳幼児は身長の割に頭部が大きいという体型的なことや，運動体験が未熟で筋力やバランス能力も十分ではないことから，不安定で転びやすいことが考えられる。また，負傷の種類や度合いは，そのときの状況や原因に左右されやすいと考えられる。ただ，骨

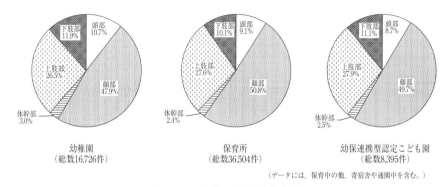

（データには，保育中の他，寄宿舎や通園中を含む。）

図5-4　負傷の部位別発生数

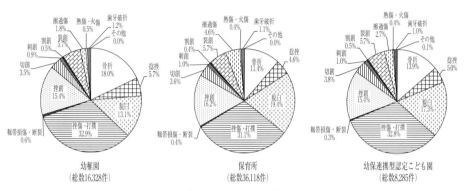

図5-5　保育中の負傷の種類別発生数

折や脱臼といった重傷の負傷がいずれの保育施設でも全体の3割を占めていることが気になるところである。

　次に負傷・疾病がいつ起こっているのか時期や時間帯についてみてみよう。図5-6は，月別発生割合である。各保育施設ともに5，6，10月に発生割合が高くなっている。10月は運動会などの行事もあり，運動が活発に行われる時期でもあることから，発生割合が高くなっていると考えられる。5，6月は園生活にも慣れた頃で，慣れからくる不注意や不適応が発生しやすい時期である。これらの時期は，特に十分な安全対策および安全教育が必要である。

　一週間の状況では，土日を除く平日に大きな変動はないが，月曜に比べ火曜から金曜がやや高い傾向にある（図5-7）。週のはじめは週末に十分な休養もとれ，心身ともにリフレッシュ

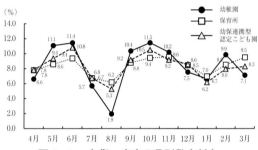

図5-6　負傷・疾病の月別発生割合

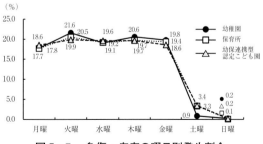

図5-7　負傷・疾病の曜日別発生割合

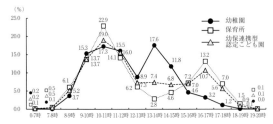

図5-8　負傷・疾病の時間帯別発生割合

した状態であることから負傷・疾病も起こりにくいことが考えられるが，その後は日常的な疲れや中だるみがでて注意力も散漫で，事故も起こりやすくなるのであろう。

　1日の時間帯別では，各保育施設ともに午前10時台をピークに，9時から12時にかけて発生割合が高い。この時間帯は，いずれの保育施設でも主活動が行われる時間帯であり，子どもが活発に動くことから発生率も高くなると考えられる。次いで幼稚園では13時から15時にかけて高い傾向にある。この時間帯は昼食後の自由時間と降園時間にあたる。保育所および認定こども園では15時から18時が高く，これも午睡とおやつの時間後の自由時間および降園の時間帯と重なる。いずれにしても，子どもが活発に動くことで発生率も高くなることから，これらの時間帯における保育者の配慮が重要になってくる（図5-8）。

（2）事故の原因

　事故には必ず何らかの原因が存在する。不可抗力のケースもあるが，そのほとんどは，あらかじめ注意しておくことで防ぐことが可能な場合が多い。特に，重大な事故は絶対に避けなければならない。そのためには，それまでに発生した事故についてその原因を究明し，どうしたら防ぐことができたか検討し，対策を考えておくことが重要である。

　子どもの事故についてその種類や原因を分析すると，身体的発育や運動能力の発達，心理的・知的な発達，性格など，子ども自身に原因がある場合や周りの環境に原因がある場合，または周りにいる大人すなわち人的な原因の場合とがあることがわかる。これらの原因が単一で，あるいは複数がかかわって事故につながっていると考えられる。そこで，不慮の事故について原因別に整理する。

1）乳幼児に原因がある場合
　a．身体的な要因　　乳幼児の身体は未発達で諸機能や運動能力も未熟である。したがって，外界に適応するだけの能力が備わっていないために事故を起こしやすい。

　表5-5のK市における保育所の事故例をみると，この中のいくつかは，何気ない日常の活動の中での事故であり，乳幼児の身体的要因から起こった事故と考えられる。例えば，歩いたり走ったりしているときにバランスを崩して転倒することなどがそうである。また，握る力が弱く鉄棒やうんていから落下したり，すべり台の階段やジャングルジムのはしご段から足を踏み外す事故も多い。これらの事故は，身体の諸機能や運動能力の未発達が要因と考えられる。加えて，子ども特有の体型にも原因があると考えられる。乳幼児は体幹に比べて頭部の割合が大きく，重い。ゆえにバランスがとりにくく転倒しやすい。さらに調整力がまだないので，力やスピードを加減したり抑制したりすることなど，自身の身体をうまくコントロールすることができないことも事故を起こす原因となる。

　b．心理的・知的な要因　　乳幼児の心理的発達の特徴は，知的好奇心が芽生え，様々なことに興味・関心を示すことである。そして子どもは，興味や関心をもったことに対して手で触れ，口で味わったりしながら物事を認識していく。そのため心理的・知的な要因からくる事故も多い。誤飲はよく起こる事故である。また，ビーズなど小さな物を耳や鼻の中に入れるなど

表5-5　保育所における事故例

場　所	年齢・性	負傷部位／症状	全治日数	内　　　容
保育室	1歳女児	左眼／結膜裂傷	1	保育士が手をつなごうとして指が眼に入る
	1歳男児	右眼瞼／裂傷	1	歩いていてバランスを崩し転倒，椅子で打つ
	3歳女児	右頬／擦傷	5	足を滑らせ転倒した際，床においてあったブロックに当たる
	3歳男児	左眼の上／挫傷	3	体を回転させた弾みに転倒，柵で負傷
	3歳男児	鼻腔／	3	鼻の中にビーズを入れる
	4歳女児	右白眼／傷	1	食事中，他児の振り上げた箸が当たる
	4歳男児	左眼，鼻つけ根／裂傷	1	他児の持った椅子が眼に当たる
	4歳男児	左手小指／打身	2	床に座っているときに，他児の膝で踏まれる
	4歳男児	左眼じり／裂傷	7	かがんだ拍子に椅子の背もたれで負傷
	4歳男児	歯牙／外傷	3	靴下を履いて走り転倒，床で強打
	5歳女児	右頬／引っ掻き傷	8	他児とけんか
	5歳女児	鼻つけ根／打撲	1	他児とぶつかり転倒，床で顔面を打つ
	5歳男児	前額部／打撲，挫傷	1	机の間を急いでいるとき，つまずき，椅子にぶつかる
	5歳男児	顔面／挫創	7	高いところから飛び降り，他児と接触し転倒
	6歳男児	左足小指／挫傷	2	出入り口ドアで挟む
遊戯室	2歳女児	左肘／脱臼	1	他児から叩かれる
	3歳男児	左母趾／打撲傷	4	棚のテープカッターが落下し，足に当たる
ベランダ	3歳女児	歯牙／外傷	－	相撲ごっこでバランスを崩し，転倒
トイレ	2歳男児	後頭部／裂傷	7	足がもつれ，敷居に当たる
園　庭	2歳男児	歯，唇／打撲，擦傷	2	滑り台を反対に登って，下りてきた他児とぶつかる
	2歳男児	左足甲／捻挫	2	かけっこ中に転倒
	4歳女児	顎／挫傷	10	総合遊具を登る際，階段を踏み外す
	4歳女児	下顎／挫傷	8	足洗い場の縁を歩いていて，踏み外す
	4歳女児	顎／挫傷	9	他児に押され転倒し，椅子に当たる
	4歳男児	右足小指／擦傷	2	裸足でコンクリートの壁面を歩き負傷
	4歳男児	背中，後頭部／打撲	1	滑り台斜面を下から登る最中に落下
	4歳男児	右膝／裂傷	8	ボール遊び中，膝から地面につく
	5歳女児	右鎖骨／骨折	51	跳び箱走り中に足がもつれ転倒
	5歳男児	右眼／角膜びらん	7	友だちの手が当たる
	5歳男児	左前額／挫創	8	両手にどんぐりを持ち転倒，側溝で負傷
	5歳男児	左眼／打撲	5	「はないちもんめ」で靴が飛び，眼に当たる
	6歳女児	鼻骨縁右側／骨折	30	走ってきた他児の頭と顔面がぶつかる
	6歳女児	左手薬指軟骨／骨折	28	タイヤの上を渡っていて，つまずき転倒
	6歳女児	右手薬指／骨折	21	ブランコの立ちこぎで足を滑らせ落下
プール	4歳男児	顎／擦り傷	4	プールサイドで追いかけ遊び中に滑り転倒
	5歳男児	下顎部／挫創	8	泳いでいる最中に他児と衝突，タイルに当たる

（北九州市福祉事業団『平成15・16年度保育所事故報告統計表』北九州市福祉事業団，2005）

の事故や，ストーブに触れてやけどする事故もよく起こる。これらは，知的好奇心が旺盛な割には何が危険なのか判断する能力が未熟であるがゆえの事故である。

　一方，乳幼児期の子どもは自己中心的であるため，周りのことを忘れがちになるという特徴もある。さらに外界の事象を理解する能力が備わっていないために，次に起こることの予測を立てることができない。したがって，そのための事故も多い。転落や急に立ち上がって他児とぶつかるなどがそうである。

　c．性格的な要因　　ケガをしやすい子どもの特徴を調べてみると，非常に活発で元気であるが，やや集中力に欠け，協調性や順応性に乏しく，粗暴であるタイプと，その逆の消極的で自主性に乏しく，自己主張も弱いタイプのどちらかであることが多い。前者は，うれしさのあまりはしゃぎすぎて，物や他児にぶつかりケガをするという事故や，道路に飛び出して自動車事故に遭うといった重大な事故にもつながるこ

とがある。しかし，ある調査では，この活発な子どもよりも後者の消極的な子どもの方が大きな事故を起こしやすいという報告もある。いずれにしてもこれら性格的な要因から事故を起こしやすい子どもに対しては，保育者をはじめ周りの人的環境の影響が大きいことが考えられる。そのため，保護者ともよく話し合い，連携を取って指導する必要がある。

2）環境に原因がある場合

近年，固定遊具の不備による事故が度々報告されている。また，園庭に落ちていたガラス片でケガをした，とびでた釘で指を切ったなど，環境の不備が事故の原因となる場合がある。子どもの周辺には常に潜在的な危険が存在する。乳幼児の身体的特徴から転倒しやすいことは前に述べたが，転倒しただけであればさほど大きなケガにはならないが，転倒した先に物があると，それにより負傷の度合も大きくなるようである。したがって環境の整備が重要である。

一方，このような物的な環境要因の裏には，人的要因を含んでいることが多い。保育者が整備を怠り物的環境が整っていないと，事故も発生しやすい。したがって，保育者は遊具や教具などの安全点検を十分に行い，常日頃から整理整頓を心がける必要がある。

3）大人や保育者に原因がある場合

大人や保育者の心構えや性格的なものの影響で事故が発生する場合がある。例えば，情緒不安定でイライラしているときに事故は起こりやすい。保育者が手をつなごうとして，指が子どもの眼に入ってケガをしたという事故例は，保育者のちょっとした不注意が原因で事故が起こることを示している。危険な物を子どもの手に触れる所に置いたり，薬品を無造作に放置する

などしないよう十分注意しなければならない。不可抗力のケースもあるが，保育者をはじめ周りの大人の対応や配慮で防げる事故は多い。大人や保育者は，常に子どもに注意を払い，子どもをよく理解して，子どもがのびのびと生活できるように配慮し，一層の安全対策や工夫，安全指導を行う必要がある。

4）その他の原因（乳幼児突然死症候群）

乳幼児突然死症候群（SIDS：sudden infant death syndrome）は，厚生労働省の発表によると，平成30年には61名の乳幼児が亡くなっており，0歳児の死亡原因の第4位となっている。何の兆しもなく既往症もないまま乳幼児が死に至る原因のわからない，文字通りいつ起こるか予想がつかない病気である。厚生労働省研究班のガイドラインでは，リスク因子として，うつ伏せ寝，非母乳保育，妊婦および養育者の喫煙があげられている。また，原因としては，先天性代謝異常症の存在や慢性の低酸素症の存在，脳幹部神経伝達物質の異常，睡眠に随伴する覚醒反応の低下を含めた脳機能異常，などが考えられているが，まだ解明には至っていない[4]。

はっきりとした原因はわからずとも，保育の現場では，このような事態は防止しなければならない。少なくとも前述の危険因子を取り除くことは必要である。特に寝返りのできない乳児では，うつ伏せ寝はできるだけ避け，静かに寝ていても，保育者は常に観察をし続けることが必要である。また，養育者の喫煙や非母乳保育については，保護者と常日頃からコミュニケーションを図り，指導（親支援）していくことが肝心である。

不幸にしてこのような事態が起こってしまったら，落ち着いた対応で救急車の手配をすると

4）中山雅弘・中川聡・青木康博ほか：「乳幼児突然死症候群（SIDS）診断の手引き改訂第2版」．日本SIDS・乳幼児突然死予防学会誌，6（2）．3-27，2006

ともに，人工呼吸や応急処置をする。日頃から，乳幼児突然死症候群についての正しい知識をもち，緊急時への対応を考え訓練しておくことも重要である。

3．安全管理と安全教育

乳幼児期は，不慮の事故による死亡率が最も高いことがわかっているが，これは乳幼児が大人の保護なしでは，生きてはいけないことを意味している。この弱い立場にある乳幼児を保護していくのは，周りにいる大人たちである。周りの大人が常に注意を払い，保護することで，不慮の事故の大部分は防ぐことができる。また，子ども自身にも適切な安全教育を行うことも重要である。

子どもの安全を確保するためには，遊具を整備し，危険物を除去するというような物的環境を整える「安全管理」と，安全を守るために子ども自らの能力を高める「安全教育」の2つの側面から考えていかねばならない。安全管理は子どもを守るための消極的対策であり，他律的である。一方，安全教育は積極的対策として把握されている。しかし，乳児に対する安全教育は，ほとんど期待できないため，1歳までは，周りの大人や保育者の安全管理が主となる。子どもが成長するにしたがって，自分の判断で安全に生活できるように安全教育が必要になってくる。この安全管理と安全教育の2つの対策によるバランスよい安全指導が子どもたちには必要である。

（1）保育現場における安全管理

保育の現場としての幼稚園，保育所，認定こども園においては，十分な安全管理を行わなければならない。安全管理は，対人管理と対物管理の2つの側面に分けることができる。

まず対人管理としては，安全に対する組織を確立し，責任分担を明確にしておくことが重要である。施設・設備の安全点検，安全指導に関する指導計画の作成と展開，災害時の措置に関する内容を全職員が把握し，チームワークをとって取り組むことが必要である。

対物管理としては，建物（園舎，園舎外施設），園庭，遊具，用具などの整備と点検が必要である。これら整備と点検は，子どもが安全に生活するためには不可欠であることから，常日頃から怠らないようにしなければならない。整備と点検項目をリストにしてチェックする体制を整えておくとよい。

（2）保育現場における安全教育

安全管理とともに子どもや保護者に対する安全教育も重要である。幼児期にしっかりとした安全教育をすることによって，子どもの安全能力を高めておく。

1）子どもに対する安全教育

子どもの興味や関心を生かしながら，毎日の遊びの中でいろいろな場面をとらえて安全な行動の仕方を体得させ，危険に対する予測や判断ができるように教育する。この場合，小さなケガは，むしろ子どもにとっては安全教育のよい機会である。ケガの経験によって，

① 何が危険なのか
② どうしたら危険なのか
③ どうしたら危険を避けることができたか（安全に行動できたか）
④ どう対処するのか

を学習することが必要である。この点は，保護者にも十分理解してほしいことである。

2）保護者に対する安全教育

　子どもの安全教育を行う場合，保護者の十分な理解と協力が必要である。園外の事故（水の事故，交通事故など）への対策は，十分に行ってもらうように働きかけることが大切である。

子どもの安全教育は保育現場と保護者との両輪で行っていく必要がある。保護者との連絡を密接に取り，子どもの心身の状態をお互いに十分に把握し，情報を共有することが大切である。

４．事故が起こったときの対応

　保育施設において，保育者がどんなに注意し配慮をしていても，子どもが事故に遭うことがある。例えば，子どもから目を放したその一瞬の間にすべり台から転落し骨折するということもある。

　そのような事故が起こった際は慌てず，まず，どのような状態か見極め，場面に応じた適切な行動をとることが肝心である。子どもは痛くて泣いたり，驚きのあまり顔の表情が硬くなったりすることもあるので，子どもに安心感をもたせるような対応も大切である。また周りにいる子どもたちへの配慮も必要である。その一方で，他の保育者と連携をとり，速やかに適切な対応を行うことが重要である。そのためにもあらかじめ事故対策マニュアル等を作成し，事故が起こった際には，どのように行動するのか，連絡・報告の手段をどうするのかなど，あらゆる事態を想定した行動計画を立て，事故対策の訓練や研修を実施しておくことも必要であ

ろう。

　負傷等は保健・医療専門の担当者（看護師等）を中心に応急手当てを行い，負傷の度合いによっては，速やかに医療機関に連れて行く。同時に保護者に連絡し，診療の結果や医師の指示をすぐに伝えることが大切である。なお，事故の大小にかかわらず保護者には，事情を十分に説明し，誠意をもって接することで信頼関係を損なわないようにする。

　入院等した場合は，子どもの快復を願い，訪問し慰さめたり励ましたりすることも大事なことである。

　また，事故の状況を記録しておくことも忘れてはならない。事故発生時刻や場所はもちろんのこと，どのような状況で起こったのか，その場面など，詳しく記録しておくことが必要である。そして，その情報を保育者間で情報共有し，その原因や対策を協議して，再発防止に努めなければならない。

第6章　乳幼児の発達基準および評価

1．運動能力測定の意義と目的

　子どもは活発な全身運動（遊び）を楽しむ中で，身体的には運動機能の発達が促進し，精神的には一つの運動をやり通す忍耐力や克己心，次の発達課題に向けて自ら取り組む積極性などが養われる。さらには，集団遊びやごっこ遊びなど友だちとのかかわりを通して協力，決まりを守る，役割分担などの社会性も培われるなど，心身相互作用によって発育・発達が促されることが期待できる。

　しかし，今日の社会情勢や自然環境の変化は人間社会の社会環境や生活様式を大きく変え，そのことは子どもにとっても大きな影響を及ぼしているとされる。例えば，公園や広場などの減少が遊ぶ場所（空間）の減少を引き起こし，少子化や降園後の塾通いなどが遊ぶ仲間や遊ぶ時間の減少を増大させているなど，子どもにとって大切な「3つの間」が減少してきている

ことが，子どもの発育・発達に大きな影響を及ぼしていることは，すでに多くの研究者が指摘しているところである。そしてこのような状況を鑑みて，平成24年（2012年）に文部科学省は幼児期における運動指針を策定している。

　その「幼児期運動指針」では，幼児がこの時期に運動に積極的に取り組むことで，「体力・運動能力の向上」や「健康的な体の育成」，「意欲的な心の育成」，「社会適応力の発達」，「認知的能力の発達」などが期待できるとしている。なかでも「体力・運動能力の向上」については，日常生活のあらゆる活動の基礎となるものであるので，この時期に運動能力について把握しておくことは，子どもの発達状態を客観的に探り，発達段階に即した適切な指導や援助が子どもの可能性を効果的に伸ばすために必要であると思われる。

2．運動能力の要素

　人間の体力，運動能力は，大きく7つの要素に分類できるとされている（第1章，図1-12参照）。運動能力を測定するためには，これら運動能力を構成する要素をしっかりと理解しておく必要があろう。

　それぞれの運動能力の定義と幼児期の重要度および測定方法については，以下の通りであ

る。なお，本文中カッコ内のマークについては以下の通りである。

　　◎………非常に重要
　　○………重要
　　△………あまり重要でない

1）筋　力（△）
骨格筋によって発揮される収縮力のことで，

押す，引く，持ち上げるといった基本的動作のみならず，様々な運動の発現に大きく関与している。測定は，握力や背筋力などが代表的であるが，市販の大人用計測器と異なり，バネを弱め，小型にした幼児用の計測器を使用する。

2）瞬発力（△）（図1–12では「パワー」）

筋の動的，瞬間的な収縮によって発揮される力を指し，筋パワーともいう。筋力とスピードという2つの要素の割合によって決定される。立ち幅跳びや垂直跳びなどが代表的である。

3）持久力（△）

運動を一定時間続ける能力のことで，大きく筋持久力と全身持久力に分けられる。測定は，体支持持続時間，けんけん跳び，円周連続片足跳びなどがあげられる。

4）平衡性（○）

空間における身体のバランスを認知し，それに対応する能力。この能力には迷路・力覚（筋覚），皮膚感覚（触・圧覚），視覚の動きが総合的に関与している[1]。平均台やぶらんこ遊びなどがこの要素を多く含む遊びの種類である。測定は，片足立ちやバランステストなどが実施されている。

5）敏捷性（○）

身体の一部あるいは全部をすばやく動かしたり，すばやく方向を変える能力で，反応速度（反応時間）や動作の反復速度なども含まれる[1]。鬼ごっこやなわ跳びなどがこの要素を多く含む遊びの種類である。測定は，両足連続跳び越し，シグナルラン，シグナルスプリングテスト，反復横跳びなどで実施される。

6）協応性（◎）

身体のいくつかの部位の運動や，異なる種類の運動を同時にリズミカルに組み合わせて行う能力である。例えば，なわ跳びにみられる手と足の協応や，ボール投げにみられる目と手，足，胴体の協応など，運動をリズミカルに，よりなめらかに行うための能力である。

7）柔軟性（○）

身体の諸関節の可動範囲の大きさの能力。これの大小は，動作の主働筋の力の強さと，その拮抗筋（主働筋と反対の働きをする筋）の弛緩の程度によって決まる[1]。長座体前屈や伏臥上体そらしなどがあげられる。

このように，人間の運動能力は，いくつかに分類できるものであるが，子どもの運動能力については，大人の場合とやや異なるとされている。杉原ら[2]によると，青年期以降の大人の場合，これらの各要因が相互に独立した能力として分化しているため，例えば筋力を向上させるような運動をしても，持久力や瞬発力は高まらないし，持久力を高める運動をしても筋力や瞬発力は高まらないとしている。それに対し，乳幼児の運動能力は，測定方法上の問題などがあり，必ずしも学問的に十分明確にされていないが，大人と比較して，はるかに未分化であることが多くの研究者により指摘されている。つまり，筋力や持久力などの能力要因が，それぞれ独立した能力ではなく，一体のものとしてとらえられることを意味している。したがって，図6–1に示すように，例えば筋力という体力要素が，よじ登る，押す・引く，ぶら下がる，支えるなどといった運動の種類とそれに関連する様々な遊びを通して総合的に高められることを意味している。

また，図6–2は，幼児期から青年期までの運動能力，体力の発達パターンを示したものである。この図を見ると，人間の各種の運動能力のうち，幼児期から小学校中学年期において

1）松田岩男・宇土正彦編『学校体育用語辞典』大修館書店，1988
2）杉原隆他『保育内容　健康』ミネルヴァ書房，2001

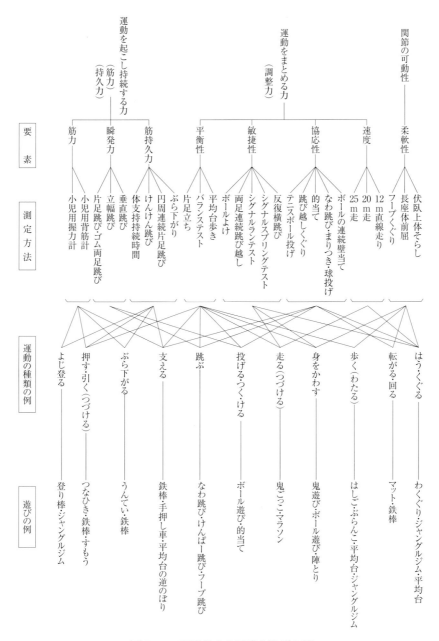

図6-1　運動能力の要素と遊びの例

は，主として神経系（動作の習得）が発達し，その後小学校高学年から中学校にかけてのいわゆる第二次性徴期において，呼吸・循環系，筋持久力（ねばり強さ，スタミナ）が，さらに，第二次性徴期終了後は，筋力系（パワー）が大きく発達していることがわかる。このことは，人間の運動能力の発達には順序性があることを意味し，すべての運動能力が同時に発達しないことを示している。

近年の「幼小連携」や「小保連携」の取り組みの充実や，平成29年改訂された幼稚園教育要領で強調されている「小学校教育との接続」な

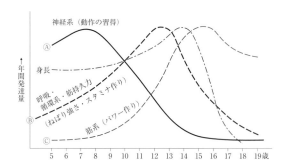

図6-2　運動能力・体力の発達パターン（加藤幹雄）

ど，長期的な子どもの発育や発達を考慮した指導が重視されていることを考えると，教師や保育者はこのような特徴をしっかり理解して指導にあたることが必要であろう。また，乳幼児の運動は，大人の運動に対する考え方や習得方法などを単純にあてはめてしまってはいけないことを示唆しており，特定の運動能力のみを強調した体育的なものよりも，むしろ，子どもの自発的な様々な遊びや，保育者の設定・意図した環境の中で遊びが発生し，様々に発展していくことなどを通して，これらの運動能力を総合的に発達させていくことが望ましいであろう。

3．運動能力の測定方法

平成24年（2012年）に文部科学省の策定した「幼児期運動指針」においては，幼児期の運動発達の状況をとらえる方法として3種類の調査法を紹介している。

（1）幼児の運動能力調査

25mを何秒で走ったか，ボールを何m投げることができたかといった運動能力を数量的に把握する調査である。ここでは運動能力の要素をみるものとして，昭和43年（1968年）以来，近藤らが全国的な規模で幼児の運動能力調査を実施し，その後幼児期の運動発達の特徴を考慮し改良され，「幼児期運動指針」においても推奨されているMKS幼児運動能力検査について紹介する。検査の実施方法等の概要についてはMKS運動能力検査HP（http：//youji-undou.nifs-k.ac.jp/index.html）を参照いただきたい。なお，各種目の運動能力得点表は，表6-1，表6-2に掲載した。

（2）活動量の調査

「幼児期運動指針」の運動の目安となっている毎日合計60分以上，楽しく体を動かして遊ぶことが達成できているかを測定する調査である。「体を動かすこと」とはおおよそ中高強度の活動を対象にしているので，その1日当たりの平均時間，あるいはそれと相関する情報が必要となる。広く利用可能な方法としては，質問紙を用いた「絶対評価」あるいは「相対評価」と，歩数計を用いた日常の身体活動力の客観的な指標である「歩数」をみるものがある。詳細は，文部科学省HPを参照されたい（http：//www.mext.go.jp/a_menu/sports/undousisin/index.htm）。

（3）基礎的な動作の調査

幼児の走る（25m走），跳ぶ（立幅跳び），投げる（テニスボールの遠投），捕る（ゴムボールの捕球），つく（ゴムボールのまりつき），転がる（マット上での前転），平均台を移動する（平均台上の歩行・走行）の7種類の基礎的な動きを，観察的に把握する調査である。具体的には，幼児の基礎的な動きを側方よりビデオカメラで撮影し，それぞれの基本的な動きを標準化された5つの動作の発達段階を基準として観察的に評価し，1〜5点の5段階の動作得点で評価する。さらに7種類の動作得点の合計点（35点満点）

表 6 - 1　幼児の運動能力判定基準表（男児，2016年）

種目	評定	男児					
		4 歳前半	4 歳後半	5 歳前半	5 歳後半	6 歳前半	6 歳後半
25m 走 （秒）	5	～6.6	～6.2	～5.9	～5.6	～5.3	～5.0
	4	6.7～7.2	6.3～6.7	6.0～6.4	5.7～6.1	5.4～5.8	5.1～5.6
	3	7.3～8.0	6.8～7.6	6.5～7.1	6.2～6.7	5.9～6.3	5.7～6.1
	2	8.1～9.8	7.7～8.7	7.2～8.0	6.8～7.5	6.4～7.0	6.2～6.7
	1	9.9～	8.8～	8.1～	7.6～	7.1～	6.8～
往復走 （秒）	5	～8.7	～8.0	～7.8	～6.9	～6.5	～6.1
	4	8.8～9.5	8.1～8.9	7.9～8.5	7.0～8.0	6.6～7.6	6.2～7.4
	3	9.6～10.8	9.0～10.0	8.6～9.5	8.1～8.8	7.7～8.3	7.5～8.1
	2	10.9～13.0	10.1～11.5	9.6～11.0	8.9～9.9	8.4～9.2	8.2～9.0
	1	13.1～	11.6～	11.1～	10.0～	9.3～	9.1～
立ち幅跳 び(cm)	5	104～	112～	121～	129～	137～	149～
	4	86～103	97～111	105～120	113～128	121～136	130～148
	3	70～85	78～96	87～104	96～112	102～120	111～129
	2	46～69	56～77	66～86	75～95	84～101	92～110
	1	～45	～55	～65	～74	～83	～91
ソフト ボール投 げ(m)	5	6.0～	7.0～	8.0～	10.0～	11.0～	11.5～
	4	4.0～5.5	4.5～6.5	5.5～7.5	7.0～9.5	8.0～10.5	9.0～11.0
	3	3.0～3.5	3.0～4.0	4.0～5.0	4.5～6.5	5.5～7.5	6.5～8.5
	2	1.5～2.5	2.0～2.5	2.5～3.5	3.0～4.0	3.5～5.0	4.0～6.0
	1	～1.0	～1.5	～2.0	～2.5	～3.0	～3.5
テニス ボール投 げ(m)	5	6.5～	8.5～	10.0～	11.5～	14.0～	15.5～
	4	4.5～6.0	6.0～8.0	7.0～9.5	8.5～11.0	9.5～13.5	11.0～15.0
	3	3.0～4.0	4.0～5.5	4.5～6.5	5.5～8.0	6.5～9.0	8.0～10.5
	2	2.0～2.5	2.5～3.5	3.0～4.0	3.5～5.0	4.0～6.0	5.5～7.5
	1	～1.5	～2.0	～2.5	～3.0	～3.5	～5.0
両足連続 跳び越し （秒）	5	～5.0	～4.8	～4.4	～4.1	～4.0	～3.7
	4	5.1～6.2	4.9～5.8	4.5～5.3	4.2～4.9	4.1～4.6	3.8～4.5
	3	6.3～8.8	5.9～7.5	5.4～6.5	5.0～5.8	4.7～5.5	4.6～5.3
	2	8.9～13.2	7.6～10.9	6.6～9.6	5.9～8.0	5.6～7.1	5.4～6.5
	1	13.3～	11.0～	9.7～	8.1～	7.2～	6.6～
体支持持 続時間 （秒）	5	50～180	57～180	79～180	97～180	123～180	160～180
	4	20～49	27～56	37～78	51～96	66～122	75～159
	3	7～19	12～26	17～36	23～50	29～65	33～74
	2	2～6	4～11	5～16	9～22	13～28	17～32
	1	～1	～3	～4	～8	～12	～16
捕球 （回）	5	8～10	9～10	10	10		
	4	5～7	7～8	8～9	9	10	10
	3	2～4	3～6	4～7	6～8	7～9	8～9
	2	1	1～2	1～3	2～5	3～6	4～7
	1	0	0	0	0～1	0～2	0～3

（森司朗，他，p.164の文献 6)，p.17）

表6-2　幼児の運動能力判定基準表（女児，2016年）

種目	評定	女児					
		4歳前半	4歳後半	5歳前半	5歳後半	6歳前半	6歳後半
25m走 (秒)	5	～6.7	～6.5	～6.0	～5.8	～5.5	～5.4
	4	6.8～7.4	6.6～7.0	6.1～6.6	5.9～6.3	5.6～5.9	5.5～5.8
	3	7.5～8.4	7.1～7.8	6.7～7.4	6.4～6.8	6.0～6.5	5.9～6.4
	2	8.5～9.5	7.9～8.9	7.5～8.3	6.9～7.7	6.6～7.3	6.5～6.9
	1	9.6～	9.0～	8.4～	7.8～	7.4～	7.0～
往復走 (秒)	5	～8.9	～8.4	～7.9	～7.4	～6.9	～6.5
	4	9.0～9.7	8.5～9.3	8.0～8.7	7.5～8.2	7.0～8.0	6.6～7.6
	3	9.8～10.8	9.4～10.2	8.8～9.8	8.3～9.1	8.1～8.8	7.7～8.6
	2	10.9～13.2	10.3～12.0	9.9～11.2	9.2～10.3	8.9～9.7	8.7～9.4
	1	13.3～	12.1～	11.3～	10.4～	9.8～	9.5～
立ち幅跳 び(cm)	5	96～	105～	113～	121～	129～	135～
	4	81～95	90～104	98～112	105～120	113～128	121～134
	3	66～80	73～89	81～97	89～104	96～112	103～120
	2	46～65	55～72	62～80	70～88	78～95	83～102
	1	～45	～54	～61	～69	～77	～82
ソフト ボール投 げ(m)	5	4.0～	5.0～	5.5～	6.5～	7.5～	8.0～
	4	3.0～3.5	4.0～4.5	4.5～5.0	5.0～6.0	5.5～7.0	6.0～7.5
	3	2.0～2.5	3.0～3.5	3.0～4.0	3.5～4.5	4.0～5.0	4.5～5.5
	2	1.5～1.5	2.0～2.5	2.0～2.5	2.5～3.0	3.0～3.5	3.0～4.0
	1	～1.0	～1.5	～1.5	～2.0	～2.5	～2.5
テニス ボール投 げ(m)	5	4.5～	6.0～	6.5～	7.5～	8.5～	9.5～
	4	3.5～4.0	4.5～5.5	5.0～6.0	6.0～7.0	6.5～8.0	7.5～9.0
	3	2.5～3.0	3.0～4.0	3.5～4.5	4.0～5.5	5.0～6.0	5.5～7.0
	2	1.5～2.0	2.0～2.5	2.5～3.0	3.0～3.5	3.5～4.5	4.0～5.0
	1	～1.0	～1.5	～2.0	～2.5	～3.0	～3.5
両足連続 跳び越し (秒)	5	～5.1	～4.7	～4.5	～4.3	～4.1	～4.0
	4	5.2～6.3	4.8～5.7	4.6～5.3	4.4～5.0	4.2～4.8	4.1～4.7
	3	6.4～8.8	5.8～7.2	5.4～6.4	5.1～5.9	4.9～5.6	4.8～5.5
	2	8.9～12.6	7.3～10.8	6.5～9.2	6.0～7.7	5.7～6.8	5.6～6.2
	1	12.7～	10.9～	9.3～	7.8～	6.9～	6.3～
体支持持 続時間 (秒)	5	46～180	64～180	76～180	101～180	124～180	137～180
	4	18～45	28～63	37～75	49～100	63～123	77～136
	3	7～17	11～27	16～36	23～48	29～62	41～76
	2	2～6	3～10	6～15	8～22	11～28	19～40
	1	～1	～2	～5	～7	～10	～18
捕球 (回)	5	7～10	9～10	10	10		
	4	4～6	6～8	7～9	8～9	10	10
	3	1～3	1～5	3～6	5～7	7～9	8～9
	2	0	0	0～2	2～4	3～6	4～7
	1				0～1	0～2	0～3

（森司朗，他，p.164の文献6），p.18）

「跳ぶ動作」の動作発達段階の特徴		動作パターン	得点（点）
パターン１	両腕がほとんど動かないか，跳躍方向と反対の後方に振る		1
パターン２	両腕を側方へ引き上げ，肩を緊張させてすくめる		2
パターン３	肘が屈曲する程度に，両腕をわずかに前方へ振り出す		3
パターン４	肘をほぼ伸展しながら，両腕を前方へ振り出す		4
パターン５	バックスウィングから両腕を前上方へ大きく振り出す		5

図６−３　立幅跳びの観察評価による５段階動作得点
（文部科学省HP「体力向上の基礎を培うための幼児期における実践活動の在り方に関する調査研究」より引用）

を「動作発達得点（合計得点）」として，幼児期の基本的な動きの発達を全体的にとらえる指標とする。詳細は，文部科学省HPを参照されたい（http：//www.mext.go.jp/a_menu/sports/undousisin/index.htm）。

なお，一例として立幅跳びの観察評価による５段階動作得点を示す（図６-３）。

このような３つの方法で幼児の運動能力や活動量を測定し，幼児の動きのとらえ方を観察し

ておくことは，近年の「幼小連携」や「小保連携」の取り組みの充実や，平成29年改訂幼稚園教育要領において，「幼児期の終わりまでに育ってほしい10の姿」の１つにある「健康な心と体」や，その改訂のポイントの１つである「小学校教育との接続」の視点からとらえる上で大事なことであり，小学校での教科としての体育への接続のみならず，その他の科目や生活指導での活用などにもつながっていくものと考える。

４．運動能力の測定結果の整理と活用

（１）運動能力の現状と活用について

近年，子どもを取り巻く環境が著しく変化し，それに伴い，子どもの運動能力，体力が低下傾向にあることが明らかになってきている。

幼児の運動能力の全国規模の調査は，昭和41年（1966年）から平成20年（2008年）まで５〜10年間隔で行われている[3]。これら幼児の運動能力測定の結果報告では，1980年代半ばから1990年半ばにかけて有意な低下がみられ，平成14年（2002年）と平成20年（2008年）では低下したま

まで推移していることが報告されている[4]。この報告は，当時文部省（現文部科学省）が報告している小学生の年次推移と同じ傾向を示すものであり，このことから子どもの運動能力低下は，すでに幼児期からの問題であることが明らかとされた[5]。このような背景もあり平成24年（2012年）に「幼児期運動指針」（文部科学省）が策定され，各地方自治体の教育委員会を通じて各保育現場での取り組みが行われるようになった。そして，その後の調査として，平成28年（2016年）の調査結果をまとめた報告書が発表された[6]。

　図6-4は，1986，1997，2002，2008年に2016年の測定値を加えた立ち幅跳びの年次推移を男女別，年齢別に示したものである。図をみると，1986年から1997年にかけて，測定値が大きく低下しており，その後も変化は小さいものの低下傾向は続いたままである。2016年の調査結果では，「走る」ことに関しては向上傾向にあるものの，それ以外の運動能力については，立ち幅跳びとほぼ類似した低下傾向が認められている（表6-3，表6-4）。したがって，各保育施設では，このような日本の幼児の実情，実態を踏まえつつ，今後さらなる取り組みが必要であろう。その上で，同様の運動能力測定を実施することは，全国値との比較や，個人の発達度合いを把握することが可能となり，さらにそれらの結果を通して，各保育施設の取り組むべ

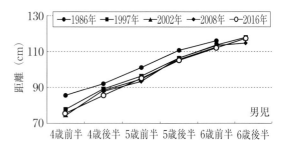

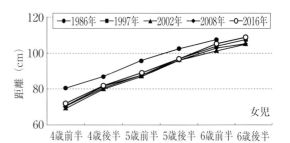

図6-4　立ち幅跳び記録の変化
（下記文献3）1986～2008年調査，6）より作図）

き課題や，一人ひとりの子どもへの保育のあり方を考える上で役に立つであろう。

（2）全体としての結果の整理

　各保育施設では，まず園全体の特徴，年齢別の特徴，クラス別の特徴などについて整理しておくことが望ましい。図6-5は，これらの特徴を把握するための一例としてヒストグラムによるデータ集計方法を示している。ヒストグラムの作成方法と，結果の解釈について p.167に示す。

3）1966年調査：松田岩男・近藤充夫「幼児の運動能力検査に関する研究」東京教育大学体育学部紀要　7：33-46，1968
　1973年調査：松田岩男・近藤充夫・杉原隆他「幼児の運動能力の発達とその年次推移に関する資料」東京教育大学体育学部紀要
　　14：31-46，1975
　1986年調査：近藤充夫・松田岩男・杉原隆「幼児の運動能力　1986年の全国調査結果から」体育の科学　37（7）：551-554，1987
　1997年調査：近藤充夫・杉原隆・森司朗他「最近の幼児の運動能力」体育の科学　48（10）：851-859，1998
　2002年調査：杉原隆・森司朗・吉田伊津美「2002年の全国調査からみた幼児の運動能力」体育の科学　54（2）：161-170，2004
　2008年調査：森司朗・杉原隆・吉田伊津美他「2008年度の全国調査からみた幼児の運動能力」体育の科学　60（1）：56-66，2010
4）森司朗他上記3）2008年調査の文献
5）近藤充夫・杉原隆「幼児の運動能力検査の標準化と年次推移に関する研究」平成9年～平成10年度文部省科学研究費補助金（基盤研究B）研究成果報告書，1999
6）2016年調査：森司朗・吉田伊津美・筒井清次郎他「幼児の運動能力の現状と運動発達促進のための運動指導及び家庭環境に関する研究」平成27～29年度文部科学省科学研究費補助金（基盤研究B）研究成果報告書，2018

表 6 - 3　2016年と2008年の平均・標準偏差（SD）およびその比較（男児）

種目	年齢	月齢平均	今回（2016年）			前回（2008年）			平均差(t-test)（今回−前回）
			平均	SD	（人数）	平均	SD	（人数）	
25m 走（秒）	4歳前半	51.62	7.81	1.22	(131)	8.11	1.03	(601)	− 0.30*
	4歳後半	56.86	7.31	1.12	(687)	7.33	0.87	(986)	− 0.02
	5歳前半	62.47	6.89	0.98	(889)	6.92	0.82	(1,126)	− 0.03
	5歳後半	68.53	6.46	0.81	(863)	6.48	0.69	(1,125)	− 0.02
	6歳前半	74.32	6.18	0.74	(808)	6.19	0.71	(1,160)	− 0.01
	6歳後半	78.63	5.97	0.79	(173)	6.12	0.61	(235)	− 0.15*
往復走（秒）	4歳前半	51.48	9.85	1.20	(21)	10.29	1.52	(60)	− 0.44
	4歳後半	56.44	9.07	1.25	(57)	9.38	0.95	(83)	− 0.31
	5歳前半	62.63	8.77	1.26	(60)	9.29	2.07	(103)	− 0.52*
	5歳後半	68.70	7.80	1.09	(77)	8.48	0.69	(133)	− 0.68**
	6歳前半	74.78	7.37	1.05	(59)	8.07	0.63	(115)	− 0.70**
	6歳後半	78.42	7.98	1.32	(12)	7.85	0.70	(36)	0.13
立ち幅跳び（cm）	4歳前半	51.62	76.7	17.8	(150)	76.3	19.5	(660)	0.4
	4歳後半	56.81	85.2	19.4	(743)	86.5	19.5	(1,077)	− 1.3
	5歳前半	62.49	94.6	18.9	(951)	93.0	20.0	(1,223)	1.6
	5歳後半	68.54	103.3	19.4	(956)	103.1	18.6	(1,258)	0.2
	6歳前半	74.34	110.8	19.0	(880)	111.4	18.5	(1,277)	− 0.6
	6歳後半	78.61	117.5	20.7	(192)	113.8	19.5	(272)	3.7
ソフトボール投げ（m）	4歳前半	51.24	3.5	1.2	(29)	3.3	1.5	(198)	0.2
	4歳後半	56.98	4.0	1.7	(229)	4.3	1.8	(370)	− 0.3*
	5歳前半	62.48	4.6	2.0	(320)	5.2	2.1	(446)	− 0.6**
	5歳後半	68.54	5.8	2.3	(361)	6.1	2.4	(489)	− 0.3
	6歳前半	74.45	6.8	2.6	(383)	7.1	2.8	(494)	− 0.3
	6歳後半	78.56	7.7	3.1	(84)	7.7	2.7	(105)	0.0
テニスボール投げ（m）	4歳前半	51.68	3.8	1.4	(124)	4.1	1.7	(460)	− 0.3*
	4歳後半	56.76	4.8	2.0	(511)	5.2	2.2	(696)	− 0.4**
	5歳前半	62.49	5.8	2.3	(632)	6.1	2.6	(779)	− 0.3*
	5歳後半	68.55	6.8	2.6	(603)	7.2	2.9	(765)	− 0.4**
	6歳前半	74.28	8.1	3.2	(519)	8.8	3.6	(775)	− 0.7**
	6歳後半	78.61	9.1	3.0	(110)	9.1	3.8	(167)	0.0
両足連続飛び越し（秒）	4歳前半	51.62	8.20	3.16	(149)	8.14	3.05	(581)	0.06
	4歳後半	56.81	7.25	2.66	(725)	6.89	2.68	(929)	0.36**
	5歳前半	62.50	6.36	2.29	(935)	6.38	2.15	(1,044)	− 0.02
	5歳後半	68.54	5.70	1.55	(947)	5.72	1.70	(1,058)	− 0.02
	6歳前半	74.33	5.34	1.43	(878)	5.25	1.39	(1,081)	0.09
	6歳後半	78.61	5.06	0.93	(193)	5.03	1.10	(220)	0.03
体支持持続時間（秒）	4歳前半	51.59	19.0	20.2	(152)	18.2	18.0	(657)	0.8
	4歳後半	56.82	23.4	23.1	(742)	24.1	20.8	(1,055)	− 0.7
	5歳前半	62.49	31.3	27.5	(949)	33.8	28.5	(1,211)	− 2.5*
	5歳後半	68.54	42.3	34.4	(936)	44.8	33.7	(1,231)	− 2.5
	6歳前半	74.34	54.0	41.0	(844)	57.7	40.3	(1,250)	− 3.7*
	6歳後半	78.63	60.7	45.3	(185)	64.1	42.7	(248)	− 3.4
捕球（回）	4歳前半	51.48	3.0	2.6	(143)	3.1	2.6	(661)	− 0.1
	4歳後半	56.87	4.3	3.0	(719)	4.2	2.8	(1,045)	0.1
	5歳前半	62.49	5.5	3.0	(922)	5.5	3.0	(1,219)	0.0
	5歳後半	68.53	6.6	2.8	(918)	6.7	2.8	(1,223)	− 0.1
	6歳前半	74.35	7.7	2.5	(854)	7.7	2.5	(1,252)	0.0
	6歳後半	78.60	8.1	2.5	(182)	8.0	2.4	(248)	0.1

*p＜0.05　**p＜0.01

（森司朗，他，p.164の文献 6)，p.9)

表6-4　2016年と2008年の平均・標準偏差（SD）およびその比較（女児）

種目	年齢	月齢平均	今回（2016年）			前回（2008年）			平均差(t-test)（今回－前回）
			平均	SD	（人数）	平均	SD	（人数）	
25m 走（秒）	4歳前半	51.61	8.00	0.97	(144)	8.44	1.21	(608)	−0.44**
	4歳後半	56.95	7.62	1.07	(676)	7.57	0.99	(927)	0.05
	5歳前半	62.48	7.09	0.88	(827)	7.15	0.83	(1,074)	−0.06
	5歳後半	68.50	6.67	0.70	(843)	6.66	0.68	(1,070)	0.01
	6歳前半	74.31	6.40	0.90	(745)	6.38	0.59	(1,078)	0.02
	6歳後半	78.65	6.17	0.60	(160)	6.30	0.57	(225)	−0.13*
往復走（秒）	4歳前半	51.47	10.00	1.77	(19)	10.58	2.22	(80)	−0.58
	4歳後半	56.91	9.57	1.37	(53)	10.07	2.07	(93)	−0.50
	5歳前半	62.40	9.05	1.36	(67)	9.26	1.09	(102)	−0.21
	5歳後半	68.87	8.46	1.25	(68)	8.66	0.73	(94)	−0.20
	6歳前半	74.73	7.60	1.27	(62)	8.51	0.73	(104)	−0.91**
	6歳後半	78.21	8.11	1.32	(19)	8.36	0.64	(26)	−0.25
立ち幅跳び（cm）	4歳前半	51.61	72.4	17.3	(161)	71.7	17.8	(697)	0.7
	4歳後半	56.95	80.9	17.4	(730)	79.7	17.7	(1,035)	1.2
	5歳前半	62.46	88.5	16.8	(899)	86.0	18.3	(1,181)	2.5**
	5歳後半	68.53	95.9	17.4	(921)	96.0	17.1	(1,170)	−0.1
	6歳前半	74.33	104.3	18.4	(811)	102.8	16.1	(1,188)	1.5
	6歳後半	78.60	107.2	18.5	(181)	102.5	17.2	(250)	4.7**
ソフトボール投げ（m）	4歳前半	51.92	2.4	0.8	(26)	2.4	0.9	(206)	0.0
	4歳後半	56.90	3.0	1.0	(225)	3.1	1.1	(348)	−0.1
	5歳前半	62.56	3.7	1.2	(281)	3.6	1.3	(418)	0.1
	5歳後半	68.63	4.1	1.2	(330)	4.2	1.3	(455)	−0.1
	6歳前半	74.46	4.6	1.6	(340)	4.8	1.6	(464)	−0.2
	6歳後半	78.45	5.0	1.5	(77)	5.0	1.7	(82)	0.0
テニスボール投げ（m）	4歳前半	51.53	3.0	1.1	(138)	3.1	1.1	(479)	−0.1
	4歳後半	56.98	3.7	1.2	(504)	3.8	1.3	(675)	−0.1
	5歳前半	62.45	4.2	1.3	(617)	4.3	1.4	(758)	−0.1
	5歳後半	68.48	4.9	1.6	(602)	4.9	1.6	(707)	0.0
	6歳前半	74.26	5.8	1.9	(502)	5.7	1.8	(711)	0.1
	6歳後半	78.68	6.2	1.9	(109)	5.6	1.7	(165)	0.6**
両足連続飛び越し（秒）	4歳前半	51.60	8.27	3.94	(162)	8.17	2.80	(618)	0.10
	4歳後半	56.96	6.99	2.30	(721)	6.93	2.22	(880)	0.06
	5歳前半	62.47	6.30	1.83	(895)	6.40	1.89	(1,046)	−0.10
	5歳後半	68.53	5.74	1.44	(911)	5.63	1.27	(991)	0.11
	6歳前半	74.33	5.42	1.36	(801)	5.35	1.18	(1,028)	0.07
	6歳後半	78.59	5.05	0.83	(182)	5.21	0.90	(206)	−0.16
体支持持続時間（秒）	4歳前半	51.60	16.6	17.5	(162)	16.6	16.7	(684)	−0.1
	4歳後半	56.95	23.7	22.4	(729)	26.8	22.8	(1,005)	−3.1**
	5歳前半	62.46	32.2	30.4	(898)	31.9	26.5	(1,150)	0.3
	5歳後半	68.52	41.7	32.4	(902)	45.2	34.2	(1,130)	−3.5*
	6歳前半	74.31	52.7	40.9	(775)	53.8	39.0	(1,136)	−1.1
	6歳後半	78.61	62.0	42.0	(177)	54.0	36.2	(232)	8.0*
捕球（回）	4歳前半	51.51	2.4	2.2	(151)	2.8	2.5	(685)	−0.4
	4歳後半	57.02	3.8	2.8	(698)	3.9	2.8	(1,005)	−0.1
	5歳前半	62.52	5.0	2.9	(869)	4.8	2.9	(1,154)	0.2
	5歳後半	68.51	6.0	2.9	(889)	6.1	2.8	(1,134)	−0.1
	6歳前半	74.35	7.3	2.5	(789)	7.2	2.5	(1,145)	0.1
	6歳後半	78.60	7.8	2.3	(184)	7.6	2.5	(232)	0.2

*p＜0.05　**p＜0.01

（森司朗，他，p.164の文献6），p.10）

男児平均評定値3.07
女児平均評定値2.81

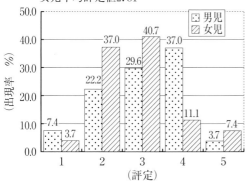

図6-5　立ち幅跳び評定別分布表（年長組）

① クラス用運動能力測定記録一覧表（図6-6）を用いて，各幼児の測定値を記入する。同時に各測定値の得点（得点換算表は，表6-1，表6-2を参照）を記入する。得点は，5段階評定となっている[7]。

評定5……標準より非常に進んでいる
　　　　　理論的出現率　7％

評定4……標準より進んでいる
　　　　　理論的出現率　24％

評定3……標準的な発達である
　　　　　理論的出現率　38％

評定2……標準より少し遅れている
　　　　　理論的出現率　24％

評定1……標準よりかなり遅れている
　　　　　理論的出現率　7％

② 各評定ごとに度数（人数）をカウントし，男児，女児全体数で割る（出現率の算出）。

③ 作図（図6-5参照）する。

④ 図6-5に示された測定結果（例）から，男児の場合，全体の平均評定値が3.07点で，高い得点を示している。また，評定4の出現率が37.0％で，理論値（24％）よりもかなり高い値を示していることなどから，全国値よ

りもやや運動能力が高いことがうかがえる。これに対して，女児では，全体の平均評定値が2.81点で男児に比べて低く，また，最も高い出現率が評定3で40.7％（理論値；38％）であったものの，評定2が37.0％（理論値24％）と高いことなどから，全国値よりもやや運動能力が劣ることがうかがえ，同じクラスの男児と比較しても運動能力値の開きが大きいことがわかる（考察例）。

これらの結果は，子どもたちに共通の問題となる点，活動内容，指導方針や指導計画を立てる上での注意点，運動遅滞児の把握とその指導方法などを探る上での指標となろう。

（3）個人としての結果の整理

各保育施設，あるいは各クラスにおける全体的な傾向，特徴を把握できたら，次に幼児一人ひとりの運動能力についてより詳細に把握する必要があろう。図6-7は，個人用運動能力測定記録用紙例を用いたデータ集計方法を示している。資料の作成方法と，結果の解釈について以下に示す。

1）各幼児の測定値および得点をクラス用運動能力測定記録一覧表などから記入・転記する（得点換算表は，表6-1，表6-2を参照）。

2）各種目の得点を，レーダーチャート（図6-7右図）にプロットする。

幼児期は身体の発育・発達の著しい時期である。運動能力，体力の発達もそれに伴い，大きく変化するものと考えられる。したがって，可能であれば1年に2回は測定を実施することが望ましいであろう。

① 身体的発達の遅れ……肢体不自由児だけでなく，全身的な身体発育・発達の遅れ，感覚器官の障害などがないかをあらかじめ調べてお

7）杉原隆他「幼児の運動能力2002」体育の科学　54（2），2004より抜粋

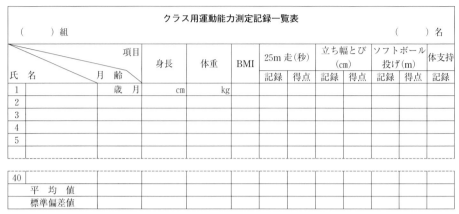

図6-6　記録用紙の例-1

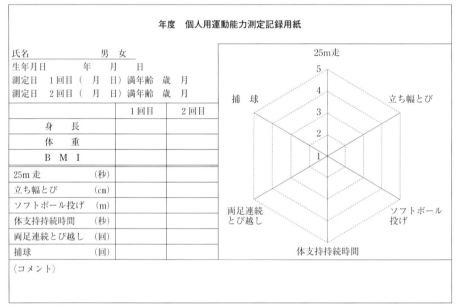

図6-7　記録用紙の例-2

く。

② 病弱，慢性疾患の有無……虚弱体質，あるいは慢性気管支炎などの慢性疾患はないか調べておく。

③ 知的発達の遅れ……知能の発達が著しく遅れていないか知っておく。

④ 性格面の問題……注意散漫，衝動的，情緒不安定，依頼心が強いなど，性格および行動面に問題はないかを観察する。

⑤ 生活環境の問題……栄養のバランス，家庭不安定，過保護，家での遊び時間など，生活環境における問題はないかを知っておく。

これらの条件を考慮した上で，運動能力の測定結果を総合的にとらえ，今後の指導にあたるようにする。

第7章　保育現場の特別活動における運動遊び

　保育現場における特別活動は，運動会，生活発表会などの園内行事から地域の子育て支援の活動まで幅広くあげられる。これらは園独自で行ったり，老人保健施設，社会福祉協議会など他団体と協力して行ったりとその方法は園によって様々な形で展開される。

　いずれも子どもの健やかな育ちを願った楽しい活動である。子どもが多くの人たちと喜びや楽しさを共有するこの特別活動の場で，活発な運動遊びを多く取り入れたい。

　特別活動の事例として運動会，野外活動を取り上げる。なお，活動の立案，実施に当たっては，日常の子どもの生活に支障をきたさないよう配慮しなければならない。

1. 運　動　会

　園内行事は子どもの日々の活動の中で，1年間の生活リズムをつくり上げるために大切なものである。また日常の保育活動を1つにまとめ，その成果や子どもの成長・発達の様子をみるよい機会でもある。中でも運動会は，子どもにとって最も楽しい行事であり，思い切り動き回りたいという子どもの活動欲求を十分満足させることができる。日頃子どもがそれぞれ楽しんでいる遊びを，広い場所でのびのびと友だちや保護者などと一緒に経験することは，充実感を覚え精神的にも満足する。また，年長児と年少児が協力して行う運動遊びなど，異年齢での役割のある遊びの経験や，他の子どもたちの活動を応援するなどは，社会性の育成につながる。このように，子どものこれまでの経験や活動のまとめとして，運動会という公の場を経験することは，一人ひとりの子どもにとって，次の活動段階へのよい刺激となり活動意欲の高まりへとつながる。

　しかし，運動会を発表の場としてとらえても，「みせる」意識が先行しないよう注意しなければならない。練習時間のために生活のリズムが乱れたり，活動を強いたりして，日常の生活がゆがめられないよう配慮する必要がある。あくまでも日常活動の盛り上がりとしての発表の場であることが大切である。

　運動会を，発育・発達に即した運動遊びを中心とした総合的な身体活動の場としたい。

（1）運動会の準備と運営

　日常の生活や活動のまとまりとして運動会を実践するには，ねらいや実施方法について事前に十分検討することが必要である。

1）計　画
　運動会の時期により立案計画から実施までの手順を十分検討し，保育者や関係者（調理員，用務員，保護者を含む）で十分話し合い，共通理解をもつことが必要である。また，過去の運動会の反省や記録・ビデオ・アンケートなども参考にすることが望ましい。

表7-1　運動会までの日程表例

日	曜	予定表
10/19	月	礼状発送←
10/16	金	運動会、反省←
10/15	木	最終打ち合わせ 用具、準備点検←
10/12	月	運動会準備完了←
10/9	金	プログラム配布 案内状発送（来賓、家庭）←
10/8	木	全体での活動開始←
10/5	月	具体的な活動開始←
10/3	土	小学校スポーツ大会見学←
9/30	水	プログラム作成←
9/25	金	プログラム内容←係に内容提出
9/22	火	学年で活動内容を話し合う←
9/15	火	内容検討←
9/7	月	原案提出

（近藤充夫『健康』同文書院, 1980）

運動会までの日程表の例を表7-1に示す。

2）プログラム編成

プログラムの編成は目的によって決まる。子どもの日常の様子から，子どもをよく知る保育者が目的を十分把握し，日常における運動遊びのクライマックスを運動会として行いたい。

プログラムは，子どもを中心にして家族全員あるいは地域の人々がともに運動を行い，1日を楽しく過ごす運動会になるように編成する。

子どもたちの「体操」「かけっこ」「団体競技」「表現遊び」などは，年齢に応じた種目の配列を工夫し，活動するときと応援するときのバランスを考慮する。年少児の種目は，緊張が継続しやすく，疲れの少ない前半のプログラムに組んだ方がよい。また異年齢で協力する種目も必ず入れたいものである。

「来賓・保護者・祖父母・きょうだいの競技」「卒園児や未就園児，地域の子どもたちの競技」なども組み込んで，三世代の交流や園にかかわる人，地域の子どもたちや高齢者も参加できる運動会にすることが望ましい。「親子の競技」は，日頃親子で遊ぶことの少ない親子にとって楽しさを共感し合い，子どもの成長の様子を実感できるよい機会である。しかし，プログラムをたくさん組み込み過ぎて，園児の負担にならないように配慮することも大切である。

3）種目の選定

種目の内容は，子どもが十分楽しめる運動遊びの中から選び，どのようにしたらもっと楽しくなるか，盛り上がるかなど，子どもと話し合いながら決めることが望ましい。そして，乳幼児の身体的・精神的発達を考慮し，走る・跳ぶ・投げる・転がるなど様々な運動要素を取り入れ，発達に応じた運動の量と質になるよう配慮する。またルールの複雑なものや危険を伴いやすいものは避けるようにし，極端に競技の能力に個人差が目立つ内容のものも，子どもの意欲を欠く場合があるので，避けるほうが望ましい。

4）実施時間

運動会当日の実施時間は，子どもたちの体力や集中できる時間を考慮して，できるだけ通常の保育時間帯に近い形をとるようにする。例えば，登園時間をはじまりとし，降園時間に終了する。また，昼休みは，通常のお弁当の時間に合わせ，午後の時間は少なめにする。0〜2歳児などは，屋外活動の持続時間を考慮し，部分参加の形式を取ることも考えられる。また午前中の競技の合間に適宜水分補給の時間を取ることが必要である。

5）係の分担

子どもが運動会を待ち望み，"自分たちの運動会"という意識をもって参加することは大切なことである。そのためには，子どもと保育者が一緒に計画を立て，遊びを進め，ルールを作り，運動会に臨みたい。その中でグループごとに係を分担し協力していろいろな仕事を進め，特に年長児には，運動会運営の主導的立場を理解させ，意識を高めることも必要である。これ

表7-2　運動会の役割分担

係	前日までの仕事	当日の仕事
総　務	運動会実行の統括 準備の全体的進行 渉外的諸届の完了	全体的な運営の責任 渉外関係(来賓・後援 会・卒園児・地域関係な ど)
進行(放送 ・音楽・会 場・用具・ 審判)	放送・音楽関係の準 備(原稿・曲) 会場準備および経営 運動会用具の確認 不足品の準備	放送・音楽・会場設営 種目ごとの用具の準 備および撤去 プログラムの進行 召集・発送・審判
演　技	演技種目の準備 用具の準備	園児の指導 演技や競技の指導
記　録	プログラム関係 案内状・進行記録	経過記録
接　待	お茶や弁当の手配 園児のおみやげの手配	受付・案内・接待 賞品やおみやげ
救　護	薬品の準備 子どもの健康チェック 安全のチェック	救護関係

らの活動を通して，責任感や自信，リーダーシップや協調性などの社会的態度が育成される。

　また，当日の運営を円滑に行うためには，保育者間で全体の組織を明確にし，チームワークをとりながら，それぞれの仕事に責任をもって遂行することが大切である。準備の段階から仕事の分担を確認して進めていくようにする。また常に家庭との連絡を密にして，保護者と保育者集団とが一体となって，子どもとともに運動会を進めていく意識をもたせることで，仕事の分担にも積極的なかかわりを得ることができる。

　子ども・保育者・保護者がそれぞれ事前準備から当日の係まで，仕事分担など協力して行う運動会こそ楽しい行事となる。

（2）運動会の実際

1）種　　目

　種目の選定は，日常子どもたちが経験した運動遊びを中心に選ぶのがよいが，ここでは運動会でよく行われている種目について紹介する。

　a. かけっこ　　子どもは走るのが大好きである。「よーいどん，しよう」と誘えば，ほとんどの子どもが笑顔一杯で一生懸命走る。このように子どもの「かけっこ」は，スピードを競うことよりも走ることそのものを楽しんでいる。競争の意識はむしろ4歳ぐらいから芽生えるものであろう。運動会では思い切り一生懸命走る楽しさが味わえるように，距離やコースのとり方，走る方法などを工夫するとよい。

① 走る距離の目安

　1・2歳児…………………5〜7m

　2・3歳児…………………10〜15m

　3歳児………………………15〜20m

　4・5歳児…………………20〜25m

　5・6歳児…………………25〜30m

② かけっこの方法

・保護者が待っているところへ走る。

・保護者と一緒に走る。

・追いかけて走る。(保育者または年長児が持って走る風船を追いかける)

・直線コースを走る。

・トラックコースを走る。

・ゆるやかなジグザグのコースを走る。

③ 指導にあたってのポイント

・しるし（スタートライン）に沿って並ぶようにする。

・合図で走るようにする。

・目標をめがけて走ることを知らせる。

・転んで立ち止まった子どもへの援助をする。

・合図を出す者の立つ位置に気をつける。

・決勝点では十分受け止めてやる。

　b. リレー　　年長児になると，友だちと一緒に協力して1つのことをやり遂げることが好きである。運動会にはよりいっそう連帯感を高めるリレーを，ぜひ取り入れ経験させたい。かけっこと同じように方法についていろいろ工夫するとよい。

① リレーの方法

・トラックを走ってタッチする。

・目標（旗など）を回ってきてタッチする。

・対面の者にタッチする。

② 指導にあたってのポイント

・子どもに合ったバトンの形や大きさにする。

・バトンの受け渡し方をていねいに指導する。

・チームの編成にあたっては，連帯感が盛り上がるように，男女・年齢・能力などを考慮しバランスをとる。

・コースがトラックの場合インコースとアウトコースの入れ替えのタイミングに留意する。

・走り終わった後の進む方向を知らせる。

c. 団体競技　3歳児ぐらいになると，2人で協力して競技を行うことができるようになり，4・5歳児ではグループで協力して目標に向かって進むことができる。日頃より集団のルールやつながりについて，運動遊びを通して子どもたちに知らせておくとよい。

① 団体競技の主な種類

・たまいれ

・鈴わり

・つなひき

・おおだまころがし

・棒引き

・タイヤとり

・親子騎馬戦

Ⅱ 指導にあたってのポイント

・ルールをわかりやすくして必ず守るように指導する。

・グループで最後まで頑張るように援助する。

・勝敗をはっきり伝える。

d. 表現遊び　3歳ぐらいまでは保育者の言葉がけによる自由表現で，子どもたちの心の動くままに動く。

4・5歳児は，子どもたちの好きな題材を選び，自由に表現させ，その動きをもとにして人数の組合せや空間の動きなどを構成し，のびのびと楽しく踊る。伴奏音楽は，効果音や言葉など子どもたちの動きをひきたてるものを使用する。

（3）運動会の実践例

1）0・1歳児
「でこぼこお山をのりこえて」

《準備物》
- ・防水用ブルーシート
- ・マット
- ・巧技台
- ・ソフトブロック
- ・ダンボール箱

《ポイント》

　「日頃の遊ぶ姿」をそのまま発表の場へ。はいはいやよちよち歩きのこの時期は，手足をうまく使って坂を登ったり降りたりすることが大好きである。またダンボール箱を用意しておくと押したり中に入ったり出たりと活動が広がる。この場での大人の数は安全面に配慮した最小限にして，保護者だけが望ましい。

《方 法》

　防水用のブルーシートなどでスペースを作り，日頃保育室で使っている遊具を配置する。聞き慣れた音楽をかけ自由に活動（10分程度）を楽しむ。その後，保護者が参加して親子体操を楽しむのもよい。

2）2・3歳児
「トンネル抜けたら・ハイジャンプ！」

《準備物》
・はしご
・マット
・跳び箱

《ポイント》

　跳び降りることが大好きなこの時期，異なる高さの跳び箱を用意し，子どもの跳び降りられる高さを選ばせる。最後は大好きな保護者や保育者の足に乗ってクルリンパ。足に乗せて回転するときは子どもの肩甲骨の下に手をあてて回すとよい。

《方　法》

　「ヨーイ・ドン」で3人くらいでスタートする。はしごをくぐり，好きな高さの跳び箱から跳び降り，大好きな先生のところまで走る。先生の足に乗り空中回転を楽しむ。その後ゴールまで走る。

3）年少（3・4歳）児
「タオル　DE　ぎゅ！」

《準備物》
・タオル

《方　法》

①入場「♪とおりゃんせ」

子どもが親の股をくぐる

《ポイント》

　親子で一緒にタオルを使って，わらべ歌に合わせ運動遊びを楽しむ。わらべ歌の音楽を流すができるだけ親子で一緒に歌うとよい。

②「♪上がり目下がり目ぐるっとまわってネコの目」

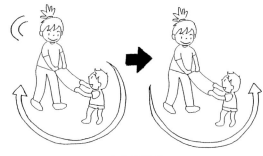

左右に回る

③「♪上から下から大風こい」

向かい合って座りタオルを揺らす

④「♪おふねがぎっちらこ　ぎっちらぎっちらぎっちらこ」

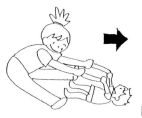

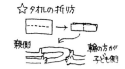

図のように折ったタオルを持ち，舟をこぐ

☆タオルの折り方

⑤「♪ブーランコ・ブーランコ」

タオルと共に子どもの手もしっかり持ち揺する

⑥「とれるかな？」

大人が先に投げてみせる

⑦「できるかな？」

タオルを地面に置き大人が縦幅を跳び
子どもが横幅を跳ぶ

⑧「まてまてまて！」

大人がタオルをしっぽに見立て
「しっぽとり」をする

⑨「♪まあるくなーれ，まあるくなーれいちにのさーん」

大人が子どもに捕まると，自分の子どもを右側にして，タオルでつながり皆で大きな輪を作る

⑩「♪ひーらいたひーらいた，なーにのはーながひいらいた」

歌に合わせて輪を閉じたり開いたりする

4）年中（4・5歳）児
「がんばれ！トライアスロン」

《準備物》

・ネット　　・スクーター

《ポイント》

　いろいろな運動技能が身に付き始めるこの時期，特にスクーターや三輪車に乗ることも大好きで脚力がしっかりしてくる。鉄人レーストライアスロンに見立てて3種類の運動を組み合わせて競争する。

《方　法》

　3人でスタートし，水泳を網くぐりで行い，次に自転車競技はスクーター乗りとして，最後のマラソンは円周を走る。

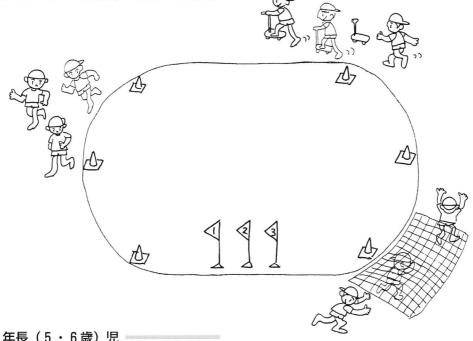

5）年長（5・6歳）児
「親子騎馬戦」

《準備物》

・紅白帽子　　・たすき

《ポイント》

　大好きな親（保護者）の肩車で，親子で力を合わせて戦うことを楽しむ。個人戦や大将戦などを組み合わせると面白い。

《方　法》

　親の肩に子どもが乗り，紅白に分かれて敵の帽子を取る。時間（3分程度）内で多く帽子を取った組が勝ち。大将戦は早く大将（たすきなどをかけておく）の帽子を取った組が勝ち。

「令和　宇宙へのたび」

《ポイント》

　いろいろな出来事に関心をもちはじめる年長児の間で，宇宙ロケットの打ち上げが話題となった。憧れの宇宙旅行を，子どものイメージをふくらませながら表現遊びで発表する。

《方　法》

　ロケット発射から帰還まで，ストーリーに合った音楽に合わせナレーションとともに組体操をする。

【1人】　①宇宙飛行士入場

手を振りながら行進し隊列を作る

②最終トレーニング

筋力トレーニング　　　　バランス訓練
（横支え・スーパーマン）（大の字・アンテナ・かかし）

【3人組】　③ロケット発射

カウントダウン　　　　　　　　発　射

【4人組】　④星の世界

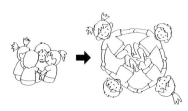

4人組花の開閉

⑤宇宙遊泳

自由に遊泳

⑥帰　還

3人組ジェットコースター

2. 野外活動

自然環境の悪化や生活スタイルの変化は，子どもが自然の中で自由にのびのびと遊べる機会を極端に少なくしている。それに伴い直接体験の不足が様々な弊害をもたらしている。服部はこのことを，情動体験，学びの経験，遊びの経験をあげ，それらの経験不足が子どもの未熟性に結びつくこと（経験欠乏症候群）を指摘している[1]。特に遊びの体験不足や心が揺れ動くような感動の体験不足が，情操の育ちを妨げ，身体的，情緒的，社会的な成熟を阻害し，また仲間意識を欠乏させる。時折保育の現場において，カブトムシはデパートで求めるものだと思っている子どもや，極端に虫を怖がる子どもがいる。そんな子どもの中に，情緒の不安定さを見かけることがある。一方，散歩で見つけたキリギリスを大切に育て，毎日新鮮な草をそばに置いている子どもの姿もある。

このような状況の中で，幼稚園・保育所・こども園では遠足や園外活動の場に，自然体験や野外活動を積極的に取り入れる傾向にある。

（1）野外活動の意義

子どもにとって自然の中での生活は，出会いの繰り返しや発見の連続であり，その一つ一つが今までに経験したことのない驚きの場である。鳥のさえずりの違いで鳥の種類を知り，足元の湿りで朝露を知る。草にいろいろな匂いがあることや，風が吹くと葉っぱの重なりで音がすることなどにも気付く。このように子どもは，自分自身の目，耳，鼻，肌，そして舌で直接感じてこそ自然を受け入れることができる。そして楽しい活動を自ら進んで積極的に，多く体験できるようになる。また自然の中で，友だちと一緒にする共通体験は，喜びも大きくさら

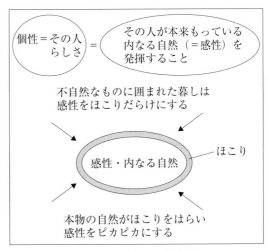

図7-1　キャンプと個性
（山田英美・川村協平編『幼児キャンプ森の体験』春風社，1996）

にかかわりも深まる。

感覚器官の発育・発達面からみても，知覚神経系の発達が著しく，好奇心，冒険心の旺盛な幼児期は，感性を磨く最もよいチャンスであり，それには変化の多様な野外での活動が最も効果的であるといえる（図7-1）。

また，自然の中での生活体験は，便利であるとともに無駄も多い日常とは異なり，子どもにとって一つ一つのものの大切さを知るよい機会でもある。このような多くの体験が，本当に大事なものを見抜く力を育てることにつながる。

（2）野外活動の効果

1）気付く力

自然の中で子どもは多くのことを発見し学ぶものである。のびのびと遊び，いろいろなことを感じたり，気付いたりしながら身体全体でものごとを受け止める。この受け止める力が子どもの感性の発達となる。

図7-2は過去の自然体験が多い子ども（H

1）服部祥子『親と子—アメリカ・ソ連・日本』新潮社，1985

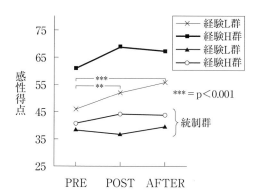

図7-2 過去の自然体験が多い子（H群）と少ない子（L群）のキャンプ経験による感性得点の比較

（若杉，川村，山田「山梨大学教育学部附属教育実践指導センター研究紀要」1997）

群）と少ない子ども（L群）が，4～5日間のキャンプに参加する前（pre）とキャンプ後（post），キャンプ1か月後（after）の感性得点を，キャンプに参加しない統制群と比較したものである。過去に自然体験の多い子は感性得点が参加前から高く，キャンプに参加することでさらに得点が上がっている。一方，統制群の子どもは感性得点が低いままである。このことから，キャンプのような生活体験は価値あるものに気付く力（感性）を高める働きがあると考えられる。

2）学ぶ知恵

幼稚園や保育所，認定こども園で実施しやすいキャンプは，安全，衛生面を考慮して，バンガローや自然の家などの施設を利用した，日帰りや1泊2日のものである。内容は，落ち葉集めやドングリ拾いなどの自然探索を中心に，カレーライス作りやキャンプファイヤーなど，日常子どもたちが経験できないことを取り上げることが望ましい。そして少しでも自然の恵みを利用した生活を体験することが大切である。ほとんどの子どもたちは冷暖房の整った快適な空間や，蛇口をひねれば自由に適温の水や湯を注

げる便利な生活をしている。その子どもたちがコップ一杯の水を大切にし，手に切り傷を作りながらジャガイモの皮をむき，まきの火でカレーやご飯を作ることは，多くの知恵を学ぶ。キャンプでは自分で考えたり工夫したり作ったりして，生活することの大変さを学ぶ。この学びが子どもの達成感となり自信となって大きく育つものである。

（3）野外活動の準備

1）場所の選択

キャンプを安全に楽しく行うために，場所の選択が重要である。キャンプの目的や指導者の体制を考慮して無理のない場所を選ぶとよい。できるだけ自然環境に恵まれた場所が望ましい。事前に下見をして，初めてのときは保育者でプレキャンプをすることを勧める。

2）プログラムの作成

プログラムの内容は目的に沿って，できるだけゆったりした時間や空間が取れるようにして，あまり詰め込まないことが大切である。日常保育と異なる流れを組み込むこともよい。

3）保護者との連携

保護者には事前に必ずキャンプの目的を伝え了承を得る。保護者に不安があるときは子どものことを第一に考慮してよい解決方法を探る。

（4）野外活動の事例

K市に所在するM保育園では，40年前から年間行事の一環として「お泊り保育」を実施している。年長児の大きな成長を願って，家庭を離れ先生や友だちと一緒に1泊2日の集団生活をするのである。当初宿泊は保育園を利用し，近くの川での水遊びや，園庭で火をおこしての夕飯作り，そしてキャンプファイヤーなどのプログラム内容であった。その後昭和60年より場所を園外に移し，K市福祉事業団が運営する自

然豊かな緑地保育センターを利用して実施することになった。そこは野外活動の専門指導員が常駐し，プログラムはセンター独自の内容と保育園で立案したものとの併合で展開された。しかし，野外炊飯はできなかった。この施設を10年間利用して野外活動を実施したが，その後，保育者からの「活動をもう少し主体的に行いたい」や「野外での食事作りを是非経験させたい」などの要望により，平成７年から，園独自のプログラム（保育者と子どもで立案）が展開でき，野外炊飯可能なＫ市運営の「Ａ青少年の家」に場所を移した。実施にあたっては，初年度親睦を兼ね保育者が事前にデイキャンプを行い，野外炊飯や海抜500ｍほどの△△山の登山を経験し，その後子どもたちの野外活動となった。

　Ｍ保育園では，野外活動の実践を通して「自然体験の重要性」を切に感じ，野外活動を１泊２日の「キャンプの日」だけにとどめず，さらに年間計画の中で多く組み入れることになった。△△山登山は５月と10月のキャンプ時の２回行い，川遊びは４月から10月までの間，

最低月１回実施する。そして遠足は緑地散策やいもほりなど収穫の体験とした。そしてこのような取り組みの結果，ここ数年１泊２日の「キャンプの日」が，子どもたちのより充実した活動となってきた。

　「キャンプの日」の活動プログラムは，△△山登山や野外炊飯そしてキャンプファイヤーなど大きな流れに変化はないが，詳細は毎年子どもたちの様子や環境に応じて随時立案する。

　表７-３，表７-４はある年の実施要項および活動プログラムである。

　以下，子どもたちの取り組みを紹介する。

表７-４　キャンププログラム

時間	1日目	時間	2日目
9:00	登園・出発 （9:30）	7:00 8:00	起床・朝食 片付け
10:00	現地到着・荷物整理	9:00	自然散策
11:00	△△山登山開始	11:00	帰　園
12:00	頂上到着・昼食 （各自持参弁当）	12:00	昼　食 （保育園給食）
13:00	下　山	13:00	降　園
14:00	自然散策		
15:00	野外炊飯開始		
17:00	夕食開始 （保護者参加）		
19:00	キャンプファイヤー		
20:00	保護者帰宅・園児入浴		
21:00	就　寝		

（M保育園）

表７-３　キャンプ実施要項

0000年「キャンプの日」実施内容	
1．期　　　日	0000年10月21日（金）〜10月22日（土）　１泊２日
2．場　　　所	Ａ青少年の家　　○○○区○○町
3．対　　　象	年長男児14名，女児14名合計28名 引率職員年長児担任１名，副担任１名，野外活動担当職員２名，主任１名合計５名
4．主な内容	△△山登山・落ち葉ドングリ拾い・野外炊飯（カレーライス・保護者を招待） キャンプファイヤー（保護者と共に歌やダンスを楽しむ）

（M保育園）

頂上めざして，しゅっぱーつ！　△△山登山

　頂上めざして，一歩一歩しっかり歩きます。山道は一列で進み，途中休憩を取り，前後の間が開かないようにします。遅れそうになった友だちを励まし，急な坂道は鎖を握って登ります。みんなで声をかけながら一生懸命登りました。

やったー！　頂上についたよ！

　ヤッホー！　車もビルもあんなに小さく見えるよ。頂上で食べるお弁当は最高においしかった。

森を冒険しよう！　森林マンはいるかな？

　落ち葉やドングリを拾ったり，高い木に登ったり，かくれんぼなどをして遊びます。そして森に住んでいるという「森林マン」を探しに行きました。「森林マン」は「よく来た，よく来た」と言って握手をしてくれました。キャンプファイヤーの焚き木を拾って帰りました。

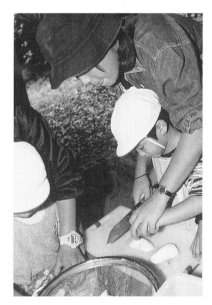

火を燃やして食事を作ろう！

　今日のメニューはカレーライスです。ジャガイモの皮をむき，米を洗い，火を燃やしておいしいカレーライスができました。パチパチ燃えるかまどの周りはとても熱く，火の粉も飛んできてちょっと怖かった。皆で作ったカレーライスをお父さんお母さんを招待してごちそうしました。

楽しいキャンプファイヤー

　仕事帰りのお父さんやお母さんを交えて，食事の後キャンプファイヤーをします。歌を歌ったりゲームやダンスを踊ったりしました。大きな火の柱の側ではほっぺが真っ赤です。高く燃え上がる火の粉と夜空の星が一緒になって見えました。ファイヤーの火が消え，おうちの人と「さよなら」するとき，泣きだしそうな友だちもいました。

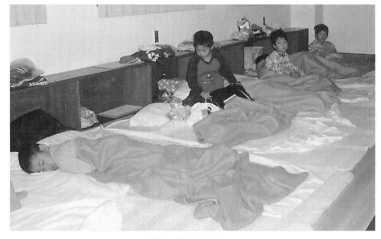

おやすみなさーい

　今日一日みんな本当にがんばりました。登山・森の冒険・野外炊飯・キャンプファイヤーどれも笑顔が一杯で，友だちと助け合いながらチャレンジする姿がありました。初めての体験もたくさんあったでしょう。また明日楽しみましょう。おやすみなさい。

第8章　障害児と運動遊び

障害児の遊びについて考えるとき，巡静一[1]も指摘しているように「基本的には健常児の遊びと全く同じである」ことをふまえることが大切である。

ここでは，障害児にとっての運動遊びの重要性と指導上の留意点について述べる。

1．障害児と運動遊びの重要性

現代社会における生活構造や環境は子どもの遊びを阻害する要因が多く，一般的に子どもたちは十分遊びを行っているとはいえない現状である。特に身体を動かす運動遊びに関しては戸外の遊びが減少し，室内の遊びが増え，部屋の中でテレビやビデオを見たり，テレビゲームをしたりすることなどが多くなっている。

このような現状の中でハンディキャップをもつ障害児の場合，食事，排泄，着脱などに時間がかかることもあり，十分遊ぶ時間が確保できるとはいいがたい。その上，遊び仲間や遊ぶ場所，遊びの種類なども制約されることも多く十分遊んでいるとは考えられない。

障害の種類や状態にもよるが，障害児にとって運動は訓練と考えられ，毎日実施してはいるが同じことの繰り返しであり，楽しくはないという意見もある。

子どもは楽しく運動遊びをすることで，器用さや，協応性など身体的な能力を発達させ，情緒的にも安定する。遊び仲間との接触を通して自己の存在を確認し，社会への対応やコミュニケーションの仕方を身に付けていく。

特にハンディキャップをもった障害児にとって身体活動を伴う遊びは，障害を乗り越えて生活するために必要な機能を発達させ，自ら自発的に外界へ働きかけ，主体的に活動し，発達を自らの手で獲得していくため，障害の部分を補い，欠くことのできない重要なものであると考えられる。しかし，運動をすることで，障害が悪化していく場合もあるので，医師と連携して行うことが必要である。

フロスティッグ[2]は「身体は，どんな人にとっても重要な所有物であり，しかも感情や動きを，最も直接的に表現できるものである」とする考えのもとに，学習困難児や発達障害児を対象に適切な身体運動の導入による教育的治療を行い多くの成果をあげた。この方法をムーブメント教育とよんでいる。単なる訓練的なアプローチでは子どもの反応は限られているが，楽しく遊ばせながら行うと子どもに多くの反応が表れるといわれている。

障害児にとってのムーブメント教育の必要性について小林[3]は次のように述べている。

①人間発達の基礎づくりの教育である。

1 ）巡静一『障害児と遊び』ミネルヴァ書房，1980
2 ）Frostig, Marianne（1906～1985）ムーブメント教育で著名なアメリカの学者

②全面発達のための教育である。

③人間尊重のための教育である。

④幸福感の達成をめざした教育である。

障害の種類や程度によって異なるが，適切な身体運動を伴う遊びを繰り返し行うことにより全面的発達を促すことにつながる。

2．障害児の運動遊びの指導

巡は障害児の遊び指導の三原則として次の3つをあげている[1]。

①遊びの指導は，子どもの健康，安全をそこなわない必要最小限であること。

②遊びの指導は，子どもが自由にのびのびと遊ぶことができるような遊びの条件をつくること。

③遊びの指導は，あくまでも側面的な援助であること。

遊びの本質は自発的であり，主体的であり，強制されたり，必要以上に管理されたりするものではなく，遊ぶ人の自発的な動機づけが最も大切であるので，ここにあげられているように必要最小限の指導と条件づくりなど側面的な援助が必要である。

しかし，障害児の場合，幼いときから障害のため受動的な遊びや一人遊びしか知らないことも多く，遊びに対して消極的であったり，無関心であったりする場合もあるので，はじめから自発的に遊びが展開できるとは考えられない。したがって，遊びに導入するきっかけをつくっ

てあげることが，はじめの段階では大切である。

この働きかけにあたっては，「遊具」や「言葉がけ」が大きな役割を果たす。運動遊びへの動機づけについて小林[3]は次のように提案している。

①効果の法則……ほめる

②正の強化……失敗しても辛抱強く待つ

③可能な段階への最接近領域への接近

例：大きなボールから小さなボールへ近い距離から遠い距離へ

④模倣的体験……やってみせること

運動遊びのねらいは，十分な身体活動の満足感を得る，身体諸機能や運動能力の調和のとれた発育・発達を促し運動技能を高める。自立心・忍耐心・自信・注意力・創造性を養う。協力・きまり・役割などを身体を通して理解する，などであり，障害児の運動遊びのねらいも基本的には同じであるが，障害によって運動遊びの内容や細かい指導法が工夫されなければならない。

3．発達性協調運動障害

運動は子どもの発達における重要な領域である。乳幼児の運動発達については，非常に早くから関心がもたれてきた。その背景には第一に，運動発達は子どもの全体的な発達やその遅れを知る重要な指標であること，第二に，他の

領域の発達と比べて，運動発達領域は子どもの状態とその変化をとらえやすいということ，第三に，運動発達は認知発達，言語発達，社会性発達など他の領域の発達に影響を与えるということがある[4]。

3）小林芳文『ムーブメント教育の実践』学習研究社，1985

4）本郷一夫『発達性協調運動障害［DCD］不器用さのある子どもの理解と支援』金子書房，pp. 1-4，2019

近年，発達性協調運動障害（DCD：Developmental Coordination Disorder）についての関心が高まっている。アメリカ精神医学会（2014）の『DSM-5 精神疾患の診断・統計マニュアル』（DSM-5：Diagnostic and Statistical of Mental Disorders, Fifth Edition）によると，発達性協調運動障害は神経発達障害群の中の運動障害群に位置づけられる。この神経発達障害群の中には，注意欠如・多動性障害（ADHD），自閉症スペクトラム障害（ASD），限局性学習障害（SLD）などが含まれ，後に述べるように発達性協調運動障害はそれらの障害との併存性が高いことが知られている[5]。

発達性協調運動障害は大きく4つの特徴によって位置づけられる。第一に，その人の年齢や経験から考えられるよりも協調運動技能の獲得や遂行が明らかに劣っているということである（診断基準A）。第二に，運動技能の欠如が日常生活に支障をきたすということである（診断基準B）。具体的には，不器用（物を落とす，物にぶつかるなど），運動技能（物をつかむ，ハサミを使う，書字，自転車に乗る，スポーツに参加する）の遂行における遅れや不正確さなどがあげられる。第三に，症状の始まりが発達段階早期であること（診断基準C），第四に，運動技能の欠如が知的能力障害，視覚障害や運動に影響を与える神経疾患（脳性麻痺，筋ジストロフィーなど）によるものではないこと（診断基準D）である。

有病率は，5〜11歳の子どもで5〜6％であり，発症は乳幼児期であるが，児童期，青年期，成人期まで継続する。

発達性協調運動障害がある子どもは，運動そのものだけでなく，他の問題を抱える場合もある。例えば，集団での遊びやスポーツへの参加が少なくなることによって，体力の低さ・肥満といった身体的問題が引き起こされる。また，集団活動に参加することが消極的になり，仲間関係の問題をもつこともある。さらに，自尊心や自己肯定感が低下しやすいことも指摘されている[6]。いわゆる二次的障害である。そして，協調運動の発達に遅れがあると，保護者からの「肯定的働きかけ」が減少し，「叱責」などが増加することも示されている[7]。その点で，自尊心の低さは，運動の遅れそのものから二次的に引き起こされた問題だけではなく，それが保護者からの叱責などにつながることによって引き起こされた「三次的」問題の側面もある[8]。

発達性協調運動障害は，単独で生起する場合だけではなく，他の疾患・障害と併存することもある。とりわけ，注意欠如・多動性障害との併存率が高いことが知られている。この2つの特徴をもつ場合，DAMP（Deficit of Attention, Motor control and Perception）症候群とよばれることもある。また，限局性学習症[9]や自閉症スペクトラム障害[10]との併存性も報告されている。

このような併存性の背景には，視覚運動知覚や空間把握能力の障害が指摘されることもあるが，共通の神経学的な基盤は必ずしも明らかになっていない。いくつかの要因が関連していると考えられる。したがって，発達性協調運動障

5）アメリカ精神医学会，高橋三郎・小野裕（監訳）『DSM-5 精神疾患の診断・統計マニュアル』医学書院，2014

6）Henderson, Shelila E.「特別招聘講演　発達性協調運動障害の理解と支援—2013年までにわかったこと—」小児の精神と神経　54（2），119-133，2014

7）戸次佳子・中井昭夫・榊原洋一「協調運動の発達と子どもの QOL および精神的健康との関連性の検討」小児保健研究　75（1），69-77，2016

8）瀬野由衣・岡田涼・谷伊織，他「DCDQ 日本語版と保護者の養育スタイルとの関連」小児の精神と神経　52（2），149-156，2012

9）Biotteau, M., Peran, P., Vayssiere, N., Tallet J., Albaret, J., & Chaix. Y.「Neural changes associated to procedural learning and automatization process in Developmental Coordination Disorder and/or Developmental Dyslexia」*European Journal of Paediatric Neurology*, 30, 1-14, 2016

害児者を理解し，支援をするためには，運動そのものの発達だけではなく，他の領域の発達，発達の領域間の関連についても知る必要がある。

4．発達障がい児のスポーツ支援

発達障がいのとらえ方は，教育・行政・医療・福祉など異なる領域にまたがる中で必ずしも統一されているわけではない。発達障害者支援法（平成16年）では，発達障がいという障がいの定義を「自閉症，アスペルガー症候群その他の広汎性発達障害，学習障害，注意欠陥多動性障害その他これに類する脳機能の障害であってその症状が通常低年齢に発現するものとして政令で定められるもの」（発達障害者支援法第2条）と定めている。なお，発達障がいは，複数の障がいが重なって現われることもあり，障がいの程度や年齢（発達段階），生活環境などによっても症状は違ってくる。発達障がいは多様であることを理解したい。

（1）発達障がいと　　アダプテッド・スポーツ

発達障がいは，脳機能の発達が関係する生まれつきの障害であり，発達障がいがある人は，コミュニケーションや対人関係をつくるのが苦手である。また，その行動や態度は「自分勝手」とか「変わった人」「困った人」と誤解され，敬遠されることも少なくない。それが，親のしつけや教育の問題ではなく，脳機能の障害によるものだと理解すれば，「困った人」ではなく「困っている人」ととらえることができ，周囲の人の接し方も変わってくるのではないだろうか。そこには，発達障がい児も楽しめるスポーツ支援を考える上でアダプテッド・スポーツの考え方が重要となってくるのである。そして，発達障がい児も楽しめるスポーツ支援を行うことは，障がいのない子どもにとっても安心して参加できる楽しい活動となることは言うまでもない。

（2）一人ひとりに対応した指導　　および支援の工夫と実際

1）指導上の留意点

指導上の留意点として「個々の障がいの特徴・状態を知ることは効果的な支援・指導を行うだけでなく，安全面においても重要なことである」そして，「発達段階および運動能力に応じた支援・指導」を心がけること，その中で「できる」ことをたくさん増やしていくことが最も大切で自己効力感を高める要因となる。支援の工夫としては，不安にならないようにプログラム内容について事前に絵カードや手本を行うなど，視覚的にわかりやすい指示や環境をつくることや，具体的な指示を行うことで安心してプログラムに参加することができる。発達障がい児にとっては自由時間等の「何をしたら良いか分からない時間」ほど不安な時間はないことも知っておきたい[11]。

2）支援の工夫と実際

ここでは，実際に大学で実施されているスポーツ支援の事例を紹介する。K大学で実施されている学生のマンパワーを活用した発達障がい児を対象とした「N体操教室」である（図8

10）水野賀史・宮地康士・大橋圭，他「自閉症スペクトラム障害児における特性の強さと協調運動の問題の関係」小児の精神と神経　55（3），189-195，2015

11）日本障がい者スポーツ協会編『新版障がい者スポーツ指導教本初級・中級』ぎょうせい，pp.45-48，2016

第4回
20XX.6.22
おあつまり
ダッシュ＆ストレッチ
休憩
サーキット
休憩
作って遊ぼう
ボール遊び
スヌーズレン
おあつまり

図8-1　N体操教室プログラム（例）

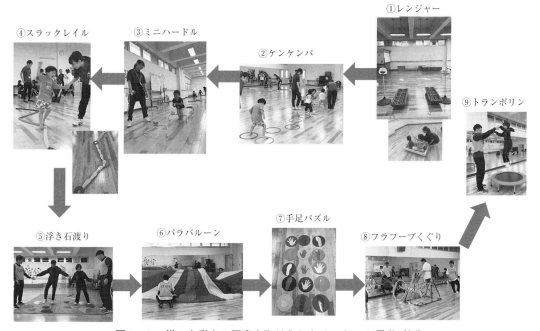

①レンジャー
④スラックレイル
③ミニハードル
②ケンケンパ
⑨トランポリン
⑤浮き石渡り
⑥パラバルーン
⑦手足パズル
⑧フラフープくぐり

図8-2　様々な動きの要素を取り入れたサーキット運動（例）

－1）。すべての子どもがスポーツを楽しむことができる環境づくりに貢献することを目的とし実施されている。学生が中心となり指導案を作成し模擬授業を事前に行い，実際に子どもたちに指導を行う。

　この教室は保護者と協力して子どもたちを育てていくというスタンスが取られ，体操教室中は保護者も一緒に活動を見守ってもらう。保護者の体操教室に期待する思いは，「日頃できない体験をいっぱいしてほしい」「自分の思いを相手に伝えられるようになってほしい」「団体で行動がとれるようになってほしい」「笑顔が増えて楽しい気持ちになってほしい」「元気に身体を動かす遊びを楽しんでほしい」「集団の中でいろいろな年代の子と接して社会的ルールを身に付けてほしい」「お友だちとのかかわりがじょうずになってほしい」など，身体的・社会的自立を望まれているものが多い。そのような思いに応えるため，一人ひとりに対応した指導および支援の工夫や環境整備など支援者の育成もふまえた支援体制を包括的に整えていくことが求められる。

　N体操教室では「ダッシュ＆ストレッチ」「サーキット（図8－2）」「オリジナルゲーム」「つくってあそぼう」「スヌーズレン（光や音の感覚刺激空間）」の流れに沿って内容を作成しており，子どもたちは毎回変化のある活動的な「サーキット」プログラムを好む一方，「スヌーズレン」のように，毎回実施することで安心して参加できる，落ち着いた雰囲気の「光や音の感覚刺激空間」の中で，高揚した気持ちを落ち着かせることができるプログラムも人気である。その中で，「できる」を育てるための3つの工夫を紹介したい。

①子どもたち自身が「わかる」ための工夫

　具体物を使いながら伝えるようにすることで，子どもたちの混乱を避ける。「あそこまで走ろう」を「青いコーンまで走るよ」と伝える。

　約束事を確認する際には，「○○しない」ではなく，「○○しようね」などと肯定的に伝える。「ボールをお友だちにむかって投げない」を「かごをめがけて投げる」など具体的に伝えることである。

②視覚的な支援

　言葉だけで説明するのではなく，視覚的に伝えることで子どもたちは，ルールなどを理解しやすく，「やってみたい」という意欲につながっている。また，見通しがあることで安心して活動に参加することができる。

③用具やルールの工夫

　子ども自身の参加する意欲が高まるように用具の工夫をすることも大切である。ルールにおいても本来のルールにとらわれずに子どもたちが取り組みやすいように，ルールを変えて実施することで子どもたちの「できた」につながっている。

　最後に，最も大切にしていることは，子どもに直接かかわってくれている学生たちと子どもとの信頼関係である。学生たちはこの信頼関係を築くことに最も時間をかけ，頭を悩ませる。苦労した分だけ子どもに想いが伝わったときの喜びは大きい。この教室は子どもたちにとっては，学生の手を借りてスポーツをより楽しむことができる活動となっており，学生たちにとっては大学の授業で学んだことを体験的に学ぶことができる貴重な活動である。

　アダプテッド・スポーツ支援は，対象者の理解を深めながら「支えるスポーツ」活動の喜びを感じることができ，様々な子どもたちとのかかわりが自身の価値観を豊かにすることにつながったり，スポーツ支援のスキルを高めたりすることができる体験活動としての有用性を秘めている。

注釈：「障害」なのか「障がい」なのか（「障害」の表記についての議論）

国の法令における漢字表記については「常用漢字表」によることとされているため，法令や公用文書等では「障害」として表記されている。しかし，「害」の字は「さまたげとなるもの，わざわい，そこなう」（広辞苑，大辞泉，他）などの意味がありイメージの悪い言葉を連想させることから，「害」を「がい」とひらがなで表記したり，「碍」の字で表したりなど表記のあり方について，さまざまな意見がある。

不快に思う当事者に配慮して，自治体や公共団体，企業などの中には自らの判断で「障がい」とひらがなで表記するところも増えている。一方，「障害」はその人自身ではなく，社会との関係性の中にあり，社会の側に害があるとの考えから，あえて「障害」と表記している団体も多い。この本来の意味としての「障害」は，平成26年1月にわが国が批准した国連の障害者権利条約の根底にある考え方でもある。この考えから，当事者である障害者や障害者団体からも，「害」をひらがなで表記することに違和感を感じたり，遺憾の意が示されたりしている。

内閣府では平成22年，障がい者制度改革推進会議において「『障害』の表記に関する検討結果について」と題して報告書をまとめている。その総括では，「さまざまな主体がそれぞれの考えに基づき，『障害』についてさまざまな表記を用いており，法令等における『障害』の表記について，現時点において新たに特定のものに決定することは困難であると言わざるを得ない」と結論づけ，「法令等における『障害』の表記については，当面，現状の『障害』を用いることとし，（中略）障害者権利条約の考え方を念頭に置きつつ，それぞれの表記に関する考え方を国民に広く紹介し，各界各層の議論を喚起するとともに，その動向やそれぞれの表記の普及状況等を注視しながら，今後，更に検討を進め，意見集約を図っていく必要がある」と述べられている。

このように，「障害」における表記の件は，未だ決着をみないわけだが，今後どのように表記するかは，当面，その自治体や団体，企業，そして個人がそれぞれの考えのもとに表記していくことになるであろう。本章においても，これらの状況を受け，固有名詞を除いて常用漢字表記に基づいて「障害」と表記することにした。ただし，文脈から人や人の状態を表す場合は「障がい」と一部をひらがな表記とした。

付表1　乳幼児身体発育値（男子）

身長・体重・胸囲・頭囲
平成22年乳幼児身体発育調査（厚生労働省）より

年・月・日齢	身長 (cm) パーセンタイル値							体重 (kg) パーセンタイル値							胸囲 (cm) パーセンタイル値							頭囲 (cm) パーセンタイル値						
	3	10	25	50 (中央値)	75	90	97	3	10	25	50 (中央値)	75	90	97	3	10	25	50 (中央値)	75	90	97	3	10	25	50 (中央値)	75	90	97
出生時	44.0	46.0	47.4	49.0	50.2	51.5	52.6	2.10	2.45	2.72	3.00	3.27	3.50	3.76	27.7	29.3	30.5	32.0	33.0	34.0	35.0	30.5	31.5	32.5	33.5	34.5	35.3	36.0
1								2.06	2.39	2.62	2.89	3.14	3.38	3.63														
2								2.01	2.33	2.57	2.84	3.09	3.33	3.56														
3								2.00	2.33	2.58	2.84	3.10	3.35	3.59														
4								2.03	2.36	2.60	2.88	3.14	3.38	3.62														
5								2.04	2.35	2.62	2.90	3.17	3.42	3.65														
30	48.7	50.4	51.9	53.5	55.0	56.3	57.4	3.00	3.37	3.74	4.13	4.51	4.85	5.17	31.8	33.2	34.5	35.8	37.1	38.2	39.3	33.8	34.9	35.9	36.7	37.5	38.2	39.1
0年1～2月未満	50.9	52.5	54.0	55.5	57.1	58.4	59.6	3.53	3.94	4.35	4.79	5.22	5.59	5.96	33.5	34.8	36.1	37.5	38.9	40.0	41.1	35.1	36.1	37.0	38.0	38.9	39.6	40.4
2～3	54.5	56.1	57.5	59.1	60.6	62.0	63.2	4.41	4.88	5.34	5.84	6.33	6.76	7.18	36.0	37.4	38.7	40.1	41.5	42.7	43.8	37.1	38.1	39.0	39.9	40.9	41.6	42.4
3～4	57.5	59.0	60.4	62.0	63.5	64.8	66.1	5.12	5.61	6.10	6.63	7.16	7.62	8.07	37.8	39.1	40.4	41.8	43.2	44.5	45.7	38.6	39.5	40.4	41.4	42.3	43.0	43.7
4～5	59.9	61.3	62.8	64.3	65.8	67.2	68.5	5.67	6.17	6.67	7.22	7.76	8.25	8.72	39.0	40.3	41.5	42.9	44.3	45.6	46.8	39.7	40.6	41.4	42.3	43.2	44.0	44.7
5～6	61.9	63.3	64.7	66.2	67.7	69.1	70.4	6.10	6.60	7.10	7.66	8.21	8.71	9.20	39.8	41.0	42.2	43.6	45.0	46.3	47.6	40.4	41.3	42.1	43.0	43.9	44.7	45.4
6～7	63.6	64.9	66.3	67.9	69.4	70.8	72.1	6.44	6.94	7.44	8.00	8.56	9.07	9.57	40.4	41.6	42.8	44.1	45.5	46.8	48.1	41.0	41.9	42.7	43.6	44.5	45.2	45.9
7～8	65.0	66.4	67.8	69.3	70.9	72.2	73.6	6.73	7.21	7.71	8.27	8.84	9.36	9.87	41.0	42.1	43.2	44.6	45.9	47.2	48.6	41.6	42.4	43.3	44.1	45.1	45.8	46.5
8～9	66.3	67.7	69.0	70.6	72.2	73.6	75.0	6.96	7.44	7.94	8.50	9.08	9.61	10.14	41.4	42.5	43.6	44.9	46.3	47.6	48.9	42.1	42.9	43.8	44.6	45.5	46.3	47.0
9～10	67.4	68.8	70.2	71.8	73.3	74.8	76.2	7.16	7.64	8.13	8.70	9.29	9.83	10.37	41.8	42.8	43.9	45.3	46.6	47.9	49.3	42.5	43.4	44.2	45.1	46.0	46.7	47.5
10～11	68.4	69.8	71.2	72.8	74.4	75.9	77.4	7.34	7.81	8.31	8.88	9.48	10.03	10.59	42.1	43.1	44.2	45.5	46.9	48.2	49.6	42.9	43.7	44.6	45.5	46.4	47.2	47.9
11～12	69.4	70.8	72.2	73.8	75.5	77.0	78.5	7.51	7.98	8.48	9.06	9.67	10.23	10.82	42.4	43.4	44.5	45.8	47.2	48.5	49.8	43.2	44.1	44.9	45.9	46.7	47.5	48.3
1年0～1月未満	70.3	71.7	73.2	74.8	76.5	78.0	79.6	7.68	8.15	8.65	9.24	9.86	10.44	11.04	42.7	43.7	44.8	46.1	47.4	48.7	50.1	43.5	44.4	45.3	46.2	47.1	47.9	48.7
1～2	71.2	72.7	74.1	75.8	77.5	79.1	80.6	7.85	8.32	8.83	9.42	10.05	10.65	11.28	42.9	43.9	45.0	46.3	47.7	49.0	50.3	43.8	44.7	45.6	46.5	47.4	48.2	49.0
2～3	72.1	73.6	75.1	76.8	78.5	80.1	81.7	8.02	8.49	9.00	9.60	10.25	10.86	11.51	43.2	44.2	45.3	46.5	47.9	49.2	50.6	44.1	45.0	45.8	46.8	47.7	48.5	49.3
3～4	73.0	74.5	76.0	77.7	79.5	81.1	82.8	8.19	8.67	9.18	9.79	10.44	11.08	11.75	43.4	44.4	45.5	46.8	48.1	49.4	50.8	44.3	45.2	46.1	47.0	47.9	48.8	49.6
4～5	73.9	75.4	77.0	78.7	80.5	82.2	83.8	8.36	8.84	9.35	9.97	10.64	11.29	11.98	43.7	44.7	45.8	47.0	48.4	49.7	51.1	44.5	45.4	46.3	47.2	48.2	49.0	49.9
5～6	74.8	76.3	77.9	79.7	81.5	83.2	84.8	8.53	9.01	9.53	10.16	10.84	11.51	12.23	43.9	44.9	46.0	47.2	48.6	49.9	51.3	44.7	45.6	46.5	47.4	48.4	49.2	50.1
6～7	75.6	77.2	78.8	80.6	82.5	84.2	85.9	8.70	9.18	9.71	10.35	11.04	11.73	12.47	44.2	45.2	46.2	47.5	48.8	50.2	51.5	44.9	45.8	46.6	47.6	48.6	49.4	50.3
7～8	76.5	78.1	79.7	81.5	83.4	85.1	86.9	8.86	9.35	9.89	10.53	11.25	11.95	12.71	44.4	45.4	46.4	47.7	49.1	50.4	51.8	45.0	45.9	46.8	47.6	48.6	49.6	50.5
8～9	77.3	78.9	80.6	82.4	84.4	86.1	87.9	9.03	9.52	10.06	10.72	11.45	12.17	12.96	44.6	45.6	46.6	47.9	49.3	50.6	52.0	45.2	46.1	46.8	47.9	48.8	49.8	50.6
9～10	78.1	79.8	81.4	83.3	85.3	87.1	88.8	9.19	9.69	10.24	10.91	11.65	12.39	13.20	44.8	45.8	46.9	48.1	49.5	50.8	52.2	45.3	46.2	47.0	48.1	49.0	49.9	50.8
10～11	78.9	80.6	82.3	84.2	86.2	88.0	89.8	9.36	9.86	10.41	11.09	11.85	12.61	13.45	45.0	46.0	47.1	48.3	49.7	51.0	52.4	45.4	46.3	47.2	48.2	49.2	50.0	50.9
11～12	79.7	81.4	83.1	85.1	87.1	88.9	90.7	9.52	10.03	10.59	11.28	12.06	12.83	13.69	45.2	46.2	47.3	48.6	49.9	51.2	52.7	45.5	46.4	47.3	48.3	49.3	50.2	51.1
2年0～6月未満	81.1	82.9	84.6	86.7	88.7	90.6	92.5	10.06	10.60	11.19	11.93	12.76	13.61	14.55	45.9	46.9	47.9	49.2	50.6	52.0	53.4	45.9	46.8	47.7	48.7	49.7	50.6	51.5
6～12	85.2	87.0	89.0	91.1	93.3	95.4	97.4	10.94	11.51	12.17	12.99	13.93	14.90	16.01	46.8	47.9	49.1	50.3	51.7	53.1	54.6	46.5	47.4	48.3	49.2	50.2	51.1	52.0
3年0～6月未満	88.8	90.7	92.8	95.1	97.4	99.6	101.8	11.72	12.35	13.10	13.99	15.04	16.15	17.43	47.4	48.7	49.8	51.2	52.7	54.1	55.8	47.0	47.9	48.7	49.8	50.7	51.6	52.5
6～12	92.0	94.1	96.2	98.6	101.1	103.4	105.8	12.42	13.10	13.89	14.90	16.08	17.34	18.82	48.3	49.4	50.6	52.0	53.6	55.3	57.1	47.4	48.3	49.1	50.1	51.1	52.0	52.9
4年0～6月未満	95.0	97.1	99.3	101.8	104.5	107.0	109.5	13.07	13.80	14.65	15.76	17.08	18.51	20.24	49.0	50.1	51.4	52.9	54.6	56.4	58.4	47.8	48.7	49.5	50.5	51.4	52.3	53.2
6～12	97.8	100.0	102.3	104.9	107.7	110.3	113.0	13.71	14.50	15.42	16.62	18.09	19.71	21.72	49.5	50.9	52.2	53.8	55.7	57.6	59.8	48.1	49.0	49.8	50.8	51.7	52.6	53.5
5年0～6月未満	100.5	102.8	105.2	108.0	111.0	113.7	116.5	14.37	15.23	16.24	17.56	19.17	20.95	23.15	50.1	51.4	53.0	54.6	56.8	58.8	61.2	48.4	49.2	50.1	51.1	51.9	52.9	53.8
6～12	103.3	105.8	108.4	111.3	114.3	117.1	119.9	15.03	16.02	17.17	18.63	20.36	22.19	24.33	50.9	52.3	53.8	55.7	57.9	60.0	62.5	48.6	49.5	50.3	51.3	52.3	53.3	54.2
6年0～6月未満	106.2	109.0	111.8	114.9	118.0	120.8	123.6	15.55	16.84	18.24	19.91	21.70	23.43	25.25	51.5	53.0	54.7	56.7	58.9	61.2	63.6	48.8	49.7	50.6	51.6	52.7	53.7	54.7

付表2　乳幼児身体発育値（女子）

身長・体重・胸囲・頭囲
平成22年乳幼児身体発育調査（厚生労働省）より

年・月・日齢	身長 (cm) パーセンタイル値							体重 (kg) パーセンタイル値							胸囲 (cm) パーセンタイル値							頭囲 (cm) パーセンタイル値						
	3	10	25	50(中央値)	75	90	97	3	10	25	50(中央値)	75	90	97	3	10	25	50(中央値)	75	90	97	3	10	25	50(中央値)	75	90	97
出生時	44.0	45.5	47.0	48.5	50.0	51.0	52.0	2.13	2.41	2.66	2.94	3.18	3.41	3.67	29.2	30.4	31.6	32.7	33.6	34.5	35.5	30.5	31.2	32.0	33.0	34.0	34.5	35.5
1								2.07	2.34	2.56	2.81	3.06	3.28	3.53														
2								2.04	2.29	2.51	2.76	2.99	3.22	3.46														
3								2.03	2.28	2.51	2.76	3.00	3.23	3.47														
4								2.05	2.31	2.54	2.79	3.04	3.26	3.50														
5								2.03	2.31	2.54	2.81	3.06	3.28	3.54														
30	48.1	49.7	51.1	52.7	54.1	55.3	56.4	2.90	3.22	3.54	3.89	4.23	4.54	4.84	31.4	32.7	33.9	35.1	36.3	37.4	38.4	33.1	34.1	34.9	35.9	36.7	37.5	38.2
0年1～2月未満	50.0	51.6	53.1	54.6	56.1	57.3	58.4	3.39	3.73	4.08	4.47	4.86	5.20	5.54	32.9	34.1	35.3	36.6	37.9	39.0	40.0	34.1	35.2	36.1	37.0	37.9	38.7	39.4
2～3	53.3	54.9	56.4	57.9	59.4	60.6	61.7	4.19	4.58	4.97	5.42	5.86	6.27	6.67	35.1	36.4	37.6	38.9	40.2	41.4	42.5	35.2	36.1	37.1	38.0	39.7	40.5	41.2
3～4	56.0	57.6	59.1	60.7	62.1	63.4	64.5	4.84	5.25	5.67	6.15	6.64	7.08	7.53	36.8	38.0	39.2	40.5	41.9	43.0	44.2	36.5	37.4	38.4	39.3	41.0	41.8	42.5
4～5	58.2	59.9	61.4	63.0	64.5	65.7	66.8	5.35	5.77	6.21	6.71	7.23	7.70	8.18	37.9	39.1	40.3	41.6	43.0	44.2	45.4	37.4	38.3	39.3	40.2	42.0	42.7	43.4
5～6	60.1	61.8	63.3	64.9	66.3	67.6	68.7	5.74	6.17	6.62	7.14	7.67	8.17	8.67	38.7	39.9	41.1	42.4	43.7	44.9	46.2	38.2	39.1	40.1	41.0	42.7	43.4	44.1
6～7	61.7	63.4	64.9	66.5	68.0	69.2	70.4	6.06	6.49	6.95	7.47	8.02	8.53	9.05	39.3	40.4	41.6	42.9	44.3	45.5	46.8	38.8	39.7	40.7	41.6	43.3	44.0	44.7
7～8	63.1	64.8	66.4	67.9	69.4	70.7	71.9	6.32	6.75	7.21	7.75	8.31	8.83	9.37	39.8	40.9	42.1	43.4	44.7	45.9	47.2	39.3	40.2	41.2	42.1	43.8	44.5	45.2
8～9	64.4	66.0	67.6	69.2	70.7	72.0	73.2	6.53	6.97	7.43	7.97	8.54	9.08	9.63	40.2	41.3	42.4	43.7	45.1	46.4	47.6	39.8	40.7	41.7	42.6	44.3	45.0	45.7
9～10	65.5	67.1	68.7	70.4	71.9	73.2	74.5	6.71	7.15	7.62	8.17	8.74	9.29	9.85	40.6	41.6	42.7	44.0	45.4	46.6	48.0	40.3	41.2	42.2	43.1	44.8	45.5	46.2
10～11	66.5	68.1	69.7	71.4	73.0	74.3	75.6	6.86	7.31	7.78	8.34	8.93	9.49	10.06	40.9	41.9	43.0	44.3	45.6	46.9	48.2	40.7	41.6	42.6	43.5	45.2	45.9	46.6
11～12	67.4	69.1	70.7	72.4	74.1	75.4	76.7	7.02	7.46	7.95	8.51	9.11	9.68	10.27	41.1	42.1	43.3	44.5	45.8	47.2	48.5	41.0	41.9	42.9	43.8	45.6	46.3	47.0
1年0～1月未満	68.3	70.0	71.6	73.4	75.0	76.4	77.8	7.16	7.62	8.11	8.68	9.29	9.87	10.48	41.4	42.4	43.5	44.8	46.1	47.4	48.7	41.4	42.3	43.3	44.2	46.0	46.7	47.4
1～2	69.3	71.0	72.6	74.4	76.0	77.5	78.9	7.31	7.77	8.27	8.85	9.47	10.07	10.69	41.6	42.6	43.7	45.0	46.3	47.6	49.0	41.7	42.6	43.6	44.5	46.2	47.0	47.7
2～3	70.2	71.9	73.6	75.3	77.0	78.5	79.9	7.46	7.93	8.43	9.03	9.66	10.27	10.90	41.9	42.9	44.0	45.2	46.6	47.9	49.2	41.9	42.8	43.8	44.7	46.5	47.3	48.0
3～4	71.1	72.8	74.5	76.2	77.9	79.6	81.0	7.61	8.08	8.60	9.20	9.85	10.47	11.12	42.1	43.1	44.2	45.5	46.8	48.1	49.4	42.2	43.1	44.1	45.0	46.8	47.6	48.3
4～5	72.1	73.8	75.5	77.3	79.0	80.6	82.1	7.75	8.24	8.76	9.38	10.04	10.67	11.33	42.3	43.3	44.4	45.7	47.0	48.3	49.7	42.4	43.3	44.3	45.2	47.0	47.8	48.6
5～6	73.0	74.7	76.4	78.2	80.0	81.6	83.2	7.90	8.39	8.93	9.55	10.23	10.87	11.55	42.6	43.6	44.7	45.9	47.3	48.6	49.9	42.6	43.5	44.5	45.4	47.2	48.0	48.8
6～7	73.9	75.6	77.3	79.2	81.0	82.7	84.2	8.05	8.55	9.09	9.73	10.42	11.08	11.77	42.8	43.8	44.9	46.2	47.5	48.8	50.1	42.8	43.7	44.7	45.5	47.4	48.2	49.0
7～8	74.8	76.5	78.2	80.1	82.0	83.7	85.3	8.20	8.71	9.26	9.91	10.61	11.28	11.99	43.0	44.0	45.1	46.4	47.7	49.0	50.3	42.9	43.8	44.8	45.7	47.6	48.4	49.1
8～9	75.7	77.4	79.2	81.1	83.0	84.7	86.3	8.34	8.86	9.43	10.09	10.81	11.49	12.21	43.2	44.2	45.3	46.6	47.9	49.3	50.6	43.1	44.0	45.0	45.8	47.7	48.5	49.3
9～10	76.6	78.3	80.0	82.0	83.9	85.6	87.4	8.49	9.02	9.59	10.27	11.00	11.70	12.44	43.4	44.4	45.5	46.8	48.2	49.5	50.8	43.2	44.1	45.1	46.0	47.9	48.7	49.5
10～11	77.5	79.2	80.9	82.9	84.8	86.6	88.4	8.64	9.18	9.76	10.46	11.20	11.92	12.67	43.6	44.6	45.7	47.0	48.4	49.7	51.1	43.4	44.3	45.2	46.1	48.0	48.8	49.6
11～12	78.3	80.0	81.8	83.8	85.7	87.6	89.4	8.78	9.34	9.93	10.64	11.40	12.13	12.90	43.8	44.8	45.9	47.2	48.6	49.9	51.3	43.5	44.4	45.4	46.2	48.1	48.9	49.7
2年0～6月未満	79.8	81.5	83.3	85.3	87.4	89.3	91.2	9.30	9.89	10.53	11.29	12.11	12.90	13.73	44.4	45.5	46.6	47.9	49.3	50.6	52.0	43.9	44.8	45.7	46.6	48.5	49.3	50.2
6～12	84.1	85.8	87.7	89.8	92.0	94.1	96.3	10.18	10.85	11.56	12.43	13.36	14.27	15.23	45.3	46.4	47.6	48.9	50.4	51.8	53.3	44.6	45.5	46.4	47.2	49.1	50.0	50.8
3年0～6月未満	87.7	89.5	91.5	93.8	96.0	98.4	100.5	11.04	11.76	12.56	13.53	14.59	15.64	16.76	46.0	47.2	48.4	50.0	51.6	52.9	54.5	45.2	46.0	46.9	47.7	49.6	50.5	51.4
6～12	90.9	92.9	95.0	97.4	99.9	102.2	104.5	11.83	12.61	13.49	14.56	15.75	16.95	18.27	46.7	48.0	49.2	50.7	52.4	54.0	55.8	45.8	46.6	47.4	48.2	50.2	51.0	51.9
4年0～6月未満	93.8	96.0	98.3	100.8	103.5	105.7	108.1	12.56	13.39	14.33	15.51	16.84	18.21	19.73	47.5	48.8	50.0	51.6	53.4	55.2	57.2	46.3	47.1	47.8	48.7	50.6	51.5	52.3
6～12	96.5	99.0	101.4	104.1	106.7	109.1	111.4	13.27	14.15	15.15	16.41	17.89	19.43	21.20	48.3	49.6	50.9	52.6	54.6	56.5	58.8	46.8	47.6	48.2	49.1	51.0	51.9	52.7
5年0～6月未満	99.1	101.8	104.5	107.3	110.1	112.5	114.8	14.01	14.92	15.97	17.32	18.93	20.65	22.69	48.9	50.3	51.8	53.6	55.6	57.9	60.4	47.1	47.9	48.6	49.4	51.4	52.2	53.1
6～12	101.6	104.7	107.6	110.6	113.4	115.9	118.2	14.81	15.75	16.84	18.27	20.00	21.91	24.22	49.9	51.3	52.8	54.5	56.6	59.0	61.8	47.5	48.3	48.9	49.7	51.6	52.5	53.4
6年0～6月未満	104.2	107.6	110.8	114.0	116.9	119.4	121.7	15.71	16.68	17.81	19.31	21.15	23.21	25.77	50.4	51.7	53.2	55.1	57.4	59.8	62.8	47.9	48.7	49.1	50.0	50.9	52.8	53.7

参 考 文 献

西頭三雄児『遊びと幼児期』福村出版，1974

小林芳文『子どもの遊び―その指導理論―』光生館，1978

山下俊郎『幼児心理学』朝倉書店，1978

成田錠一編『幼稚園・保育所　安全保育と事故事例』中央法規出版，1980

松原隆三『心身障害幼児の保育事例集1』ひかりのくに，1980

マリアンヌ・フロスティッグ，肥田野直他（訳）『ムーブメント教育―理論と実際―』日本文化科学社，1981

近藤充夫監修『幼児の運動遊び』相川書房，1984

小嶋謙四郎『子どもの発達臨床心理学』川島書店，1988

久保田競『スポーツと脳の働き』築地書館，1989

前橋明編『幼児の安全教育』明研図書，1989

ロバート・フルガム　池央耿（訳）『人生に必要な知恵はすべて砂場で学んだ』河出書房新社，1990

近藤充夫・落合優『こころとからだの育ち―健康―』フレーベル館，1991

島田睦夫『脳の心理学』誠信書房，1991

前橋明監修『パパ　ママ　あそぼうよ』星雲社，1995

高田明和『脳・こころ・癒し』三修社，1997

日本児童安全学会編『幼稚園・保育所における子どもの安全』ぎょうせい，1998

三宅邦夫『子どもと楽しむ体育ゲーム104』黎明書房，1998

森楙・柚木馥・植田ひとみ『あそびを育てる　仲間あそびを育てる』コレール社，1998

岩崎洋子編『子どもの身体活動と心の育ち』建帛社，1999

宇土正彦監修『幼児の健康と運動遊び』保育出版，1999

近藤充夫『保育内容　健康（第2版）』建帛社，1999

小泉英明『育つ学ぶ・癒す脳図鑑21』工作社，2001

岩崎洋子編『園生活から生まれる　乳幼児の運動　0～3歳児編』チャイルド本社，2002

岩崎洋子編『園生活から生まれる　乳幼児の運動　4～5歳児編』チャイルド本社，2002

教育と医学の会『こころの発達をはぐくむ』慶応義塾大学出版会，2002

松波謙一『記憶と脳』サイエンス社，2002

岩崎洋子『たのしい運動あそび』チャイルド本社，2003

近藤充夫『心身の健康に関する領域　健康』ひかりのくに，2003

近藤充夫『体育あそび120』チャイルド本社，2003

近藤充夫編『心身の健康に関する領域　健康』ひかりのくに，2003

近藤充夫監修『新版乳幼児の運動あそび』建帛社，2004

生田哲『脳の健康』講談社，2004

池谷祐二『進化しすぎた脳』朝日出版社，2004

澤口俊之『わがままな脳』筑摩書房，2004

前橋明『0～5歳児の運動あそび指導百科』ひかりのくに，2004

鈴木みゆき監修『どこでもできる！親子あそび大百科』成美堂出版，2004

フロイド・E・ブルーム『新・脳の探検　上下』講談社，2004

山地啓司『子どものこころとからだを強くする』市村出版，2005

中込和幸『メンタルクリニックの脳科学』勁草書房，2005

辻井正次・宮原資英監修『発達性協調運動障害［DCD］不器用さのある子どもの理解と支援』金子書房，2019

索　引

196

■執筆者紹介・執筆分担■

〈編著者〉

井 上 勝 子（いのうえ　かつこ）　　熊本学園大学名誉教授

高 原 和 子（たかはら　かずこ）　　福岡女学院大学教授
　　　　　　　　　　　　　　　　　〔第3章1・2・3（4），第5章〕

〈著　者〉（五十音順）

青 木 理 子（あおき　りこ）　　　　元久留米大学教授
　　　　　　　　　　　　　　　　　〔第3章3（2），第4章〕

大 村 一 光（おおむら　いっこう）　鹿児島女子短期大学教授
　　　　　　　　　　　　　　　　　〔第3章3（1），第6章〕

谷 川 裕 子（たにかわ　ひろこ）　　純真短期大学講師
　　　　　　　　　　　　　　　　　〔第1章4，第3章3（3）〕

花 田 道 子（はなだ　みちこ）　　　九州共立大学助教
　　　　　　　　　　　　　　　　　〔第7章2，第8章〕

桧 垣 淳 子（ひがき　じゅんこ）　　中村学園大学講師
　　　　　　　　　　　　　　　　　〔第2章〕

宮 嶋 郁 恵（みやじま　いくえ）　　福岡女子短期大学教授
　　　　　　　　　　　　　　　　　〔第1章1・2，第7章1〕

矢 渡 理 奈（やわたり　りな）　　　福岡女子短期大学非常勤講師
　　　　　　　　　　　　　　　　　〔第1章3〕

〈執筆協力者〉

青 山 優 子（あおやま　ゆうこ）　　九州共立大学特任教授

黒 岩 英 子（くろいわ　えいこ）　　元西南女学院大学短期大学部教授

下 釜 綾 子（しもがま　あやこ）　　元長崎女子短期大学教授

〈イラスト〉

古賀　美由紀　れんげ乳児保育園（福岡県北九州市）

太田　千枝子　金田保育園（福岡県北九州市）

〈協　力〉

和光保育園（福岡県豊前市）

西南女学院大学短期大学部附属シオン山幼稚園（福岡県北九州市）

尚絅大学短期大学部附属幼稚園（熊本県熊本市）

すこやかな子どもの心と体を育む

改訂 運動遊び

2006年（平成18年）4月10日　初 版 発 行〜第5刷
2010年（平成22年）2月1日　第2版発行〜第9刷
2020年（令和2年）3月10日　改訂版発行

日本音楽著作権協会
（出）許 諾 番 号
第 2000886-001 号

編 著 者　井 上 勝 子
　　　　　高 原 和 子

発 行 者　筑 紫 和 男

発 行 所　株式会社 建 帛 社
　　　　　　　　 KENPAKUSHA

112-0011 東京都文京区千石4丁目2番15号
TEL（03）3944-2611
FAX（03）3946-4377
http://www.kenpakusha.co.jp/

ISBN　978-4-7679-5114-0　C3037
Ⓒ井上勝子・高原和子ほか, 2006, 2020.
（定価はカバーに表示してあります）

亜細亜印刷／田部井手帳
Printed in Japan